大妻ブックレット―― 1

女子学生にすすめる60冊

大妻ブックレット出版委員会［編］

はしがき

本書では、大妻女子大学で教鞭を執るわたしたちが、講義やゼミの中で学生に紹介している参考文献や、大学教育だけでは得られない知的刺激を喚起する図書を紹介している。

この種の読書案内は、少なくない。特に実用書の案内は豊富であり、アマゾンでキーワード検索をかけて、検索結果の図書の評価欄を読むのも参考になる。なかにはとても丁寧な紹介を書いている読書家もいる。一方、大学教員が本を紹介すると、自分が学生時代に影響を受けた古典中心になる傾向がある。本書は、気楽に読んでもらえて好奇心をかき立てる、そうした基準で選書している。紹介する六〇冊は、全体で八章に構成している。グローバルな歴史と現代、他者と向き合う自分、幸福、人生、ことば、苦悩、デザインすることの意味を考え、日本を見つめる、そのような好奇心の知的旅のガイドになればいいと思う。

大妻女子大学では、毎年春に新入生向けの「大妻講座」が開講されている。創設者である大妻コタカ先生の建学の理念を伝えるものになっている。先生は、一一〇年前の、女性のとても生きにくい時代に、自立して働く女性のために本学を立ち上げられた。この講座では、専門領域を持つ教員たちが、それぞれの視点で、毎年読書の案内もしてきた。本書の企画は、そうした図書の紹介の積み重ねから生まれた。教員の専門に関係した本を紹介しているケースが多いが、敢えて専門分野別には並べていない。物理学や天文学からでも、歴史学からでも世界を知り、今のわたしたちを知ることはできる。心理学、認識論、社会学などさまざまな視点から、困難な時代を生き抜こうとする人のヒントがある。だから、気になるところから、自由に読み始めてみてほしい。未知の本に出会って、そこからほんの少し心が豊かになればと、願っている。なお、紹介するさいの書誌情報は、入手の容易な文庫があれば、そちらを採用している。

本書は伊藤正直学長の発案に基づき、創立一一〇周年を記念して企画された大妻ブックレットの第一冊目である。本学における第一線の研究や、特色ある教育を紹介し、大学における学知の創出を地域社会とともに進める姿を広く知っていただくことを目的にしており、一二〇周年まで、毎年数冊の刊行を計画している。なお、表紙デザインは学内公募で家政学部三年中村文香さんの作品が採用された。編集作業は、学長、副学長、各学部委員からなる大妻ブックレット出版委員会が当たったが、普段は学術書を専門に扱っている日本経済評論社の新井由紀子氏、中村裕太氏にご協力いただいた。また、馴染みのないこのような企画をお認めくださった同社社長柿﨑均氏に、心よりお礼を申し上げたい。

大妻ブックレット出版委員会を代表して　山﨑志郎

目次

II　他者を知り、自分を考える　31

III　幸福のかたち　45

VI くるしさを生きる 93

Ⅶ 「わかる」ということ、デザインすること 113

I

移りゆく世界を知る

1

137億年の物語
宇宙が始まってから今日までの全歴史

みなさんは、「自分はどこからきたのか」「自分は何のために生きているのか」という疑問にぶつかったことはあるでしょうか。私自身も、若い頃はそのような疑問に取り憑かれ、随分悩みました。もう少しで五〇歳を迎える現在になっても、正確な答えはみつかっていません。しかし、かつての私のように思い悩んでいる人に対して、考えるヒントを紹介することはできるかもしれません。「自分はどこからきたのか」については、様々な研究者の研究結果から、ある程度のことはわかってきています。また、「自分は何のために生きているのか」については、人類の築いてきた歴史をヒントに、みなさん一人ひとりが自分自身で考えていく問題だと思っています。こうした疑問にぶつかっているみなさんには、宇宙誕生後の一三七億年の歴史を綴ったこの本を、ぜひ読んでいただけたらと思います。

私たちの宇宙は、一三七億年前のビッグバンと呼ばれる大爆発によって、現在のような広大な世界になりました。ビッグバンの後、宇宙の中にはたくさんの銀河が生まれました。銀河の正確な総数はわかりませんが、ある説では一七〇〇億個以上あると考えられており、その一つが私たちの住んでいる天の川銀河です。天の川銀河には約二千億個の恒星（自ら光り輝く火の玉のような星）があり、その中の一つが太陽です。私たちの住んでいる地球は、太陽の周りを回っている惑

クリストファー・ロイド 著　野中香方子 訳

文藝春秋　2012年　506頁　大型本

星の一つです。

広大な宇宙から見ると、本当に小さな存在の私たちですが、四六億年前に地球が誕生してから様々な進化を経て、「人類」と呼ばれる現在のような姿になりました。人類は、進化によって大きな脳を手に入れ、その大きな脳で「考える」力を発達させて様々な文明や科学技術を生み出しました。現在では、経済活動や科学技術によって地球環境を変化させるほどの力を手にしています。さらに、遺伝子改変技術によって、自分自身を含む生物の進化までをも制御できるところまできています。

このまま科学技術が発展していくと、将来は人類がすべてを、つまり宇宙環境全体を制御できるようになるかもしれません。そのような大きな力を手に入れたときに一番重要となるテーマは、「自分は何のために生きているのか」ということではないでしょうか。若いみなさんには、ぜひこの疑問の答えを探してもらいたいと思います。

（短期大学部家政科食物栄養専攻／竹内知子）

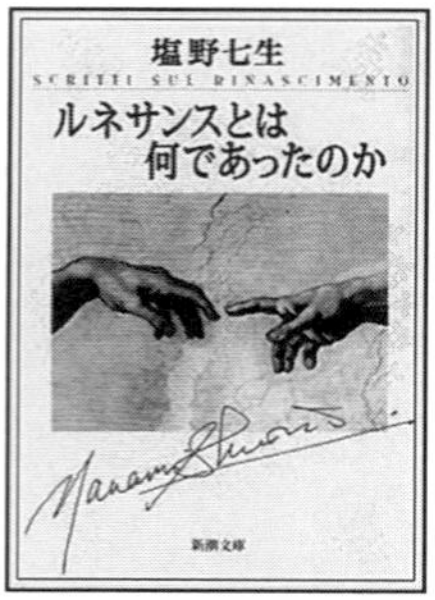

2

ルネサンスとは何であったのか

細部が彩り豊かで面白く読め、しかも世界史の大きな流れを展望することができ、人間の精神の崇高さとその無限の可能性に希望が湧く、そのような歴史書を期待する方々にお薦めしたい本である。著者の塩野七生氏が、膨大な資料を駆使しつつも、平易にして深い歴史記述ができたのは、「研究者」が陥りがちなイデオロギー的偏見、特にルサンティマンに根差したマルクス主義やキリスト教のそれ、さらに遡ってはプラトニズムのそれからも自由であったからと考えられる。その意味で塩野氏は、善悪の彼岸に立とうとしたニーチェの精神を受け継いでいる。

塩野氏がルネサンスをまず対象とされたのは、それが特定の立場からではとても理解できない多様性をもち、しかもその多様性が世界の無限性に直面した精神から生じたことを直観されたからと推測される。それは氏が、ルネサンスの精神の最初の体現者として、中世最盛期とされる一三世紀に登場した、アッシジの聖フランチェスコと、神聖ローマ皇帝であり、シチリア王でもあったフリードリッヒ二世を挙げている眼力によく現れている。両者は、西洋中世世界、ビザンツ世界、そしてイスラム世界という本質的に異なる三つの世界システムの間に立ち、さらにその外に無限の世界の広がりを見通していた。したがって両者は、常に普

塩野七生　著

新潮社　2008年　352頁　新潮文庫

遍的な価値基準に照らした改革を提起できたのであった。

聖フランチェスコは、西洋中世の階層的世界観に基づいた、聖職者間の、そして聖職者と俗人の間の上下関係を否定し、俗界で商業に従事する者も教会への寄進や、修道会での年数日の祈りで、平等に救済にあずかるとして、商業活動を奨励した。また価値の本質が、普遍的客観的基準に基づく信用にあることを見抜いて信託制度を開始し、公正な取引によって経済活動の規模が無限に拡大してゆく可能性を開いたのであった。アッシジの寺院の壁にフランチェスコを描いたジョットーのフレスコ画に、距離という客観的基準で無限の世界を表現する遠近法が出現するのはここから理解できるのである。

またフリードリッヒ二世は、より客観的公正性のある国制への改革を、通貨制度を中心に行って国富の増大を図り、さらにはより普遍性をもった表現媒体へのイタリア語の改革を試み、ダンテに始まるルネサンス文学に道を開いたのであった。

ここから、世界を巻き込んでゆく近代史への展望が、実感をもって開けてはこないか。

（短期大学部英文科／廣瀬友久）

3

ボローニャ紀行

いづくにもあれ、しばし旅立ちたるこそ、目覚むる心地すれ

（『徒然草』一五段）

――どこにであれ、しばらく旅に出るのは、目が覚めるような新鮮な気持がするものだ。日常から離れる旅は新しい視野をもたらしてくれるものですね。本書は、井上ひさしさん（一九三四〜二〇一〇）が恋するイタリア北部の赤い煉瓦の街ボローニャにいそいそと出かけ、その地に根をはって生きる魅力的な人々の営みを活写した旅行記です。井上さんが座右の銘としていた「難しいことを易しく、易しいことを深く、深いことを面白く」を体現したような筆致で、出会い、尋ねた一人ひとりの風貌や言葉を描きとめながら、その集合体である街の精神や共同体の可能性について考えていきます。一篇紹介しましょう。

イタリアは古いもの――風景や歴史的・芸術的な財産――を大事に保存してきました。それはなぜか。イタリア女性図書館のアンナマリア・タリアヴィーニ館長（「小柄な体をいつもきびきびと動かしている、たいへん美しい女性」と紹介されています）は言います。

古いものの前に立つと、歴史が、過去が、そして消え失せたはずの時間が、

井上ひさし 著

文藝春秋　2010年　253頁　文春文庫

すべてのものが、一瞬のうちに目の前へ立ち現われてきます。そのことによって、だれもが、自分が現代に孤立して生きているわけではないという真理を直観するんですね。そして自分が過去と未来をつなぐ役目を背負っているという責任を自覚します。大事なことは、こういったことがすべて人間を勇気づけるということです。

（「歌う修道女たち」より）

「目覚むる心地」がしました。私の専攻は日本の古典文学ですが、古典に触れることも同じです。たとえば八百年前の人の思いを知ることができること。それを大事だと思って、災害や戦乱をも乗り越えて守り伝えてきた人々がいること。自分も受け取り伝えることで、その時代を超えた連鎖に連なっていくこと。つまり「現代に孤立して生きているわけではない」ということ。自身をそうした歴史の中に捉えてみると、世界がひらけた気がしませんか。

視野を広げるとは、「今、ここ」を相対化する視点をもつこと、遠い土地に生きる人々の「日常」を生き生きと想像できることではないか、と思います。ぜひ、読んでみてください。そして「書は捨てず、旅にも出よう」（本歌取りです）。

（文学部日本文学科／君嶋亜紀）

4

地中海の暦と祭り

私たちは世界の西というとヨーロッパに眼を向けがちです。けれどもヨーロッパという概念が形成されるよりもはるか遡っていにしえより多くの民族が興亡し、それぞれの文明を築き交流してきた世界があります。東はトルコ、西はイベリア半島をつなぐ地中海世界です。この本は、オリエント、ギリシア・ローマ、イスラム、そしてキリスト教世界という四つの文化圏を舞台に「暦」と「祭り」を地中海学の専門家たちがその歴史や背景とともに紹介した壮大なタペストリーのようです。だからといって難しいわけではありません。また目次も地域や宗教、時代別に分けられているので、最初から通して読まなくても読者が興味のある項目だけを読むこともできます。

テーマである「暦」と「祭り」にはそれぞれの民族、歴史、文化が色濃く反映されています。洋の東西にかかわらず、「暦」も「祭り」も古代より人々の生活に密着したものでした。現代を生きる私たちは、「暦」を年、月、日を知るためのカレンダーとして、「祭り」をにぎやかに騒ぐもの、つまり娯楽としてしかとらえていないのではないでしょうか。日本語の「お祭り騒ぎ」という言葉はまさに「祭り」についての現代人のこのようなイメージを反映しているようです。しかし、「暦」は、もともと宗教行事と密接に繋がっていましたし、「祭り」もその

地中海学会 編

刀水書房　2002年　xiii, 285, 3頁　刀水歴史全書56

ルーツは大半が神事や歴史的事件から生まれているのです。「暦」や「祭り」は、それが成立した時と現在とでは意味が大きく異なってしまった場合が少なくありません。物事の成り立ちを探るのは面白いことです。私たちの日常に身近な「暦」や「祭り」の成り立ちや変遷をたどってみると現在のヨーロッパやイスラム世界との繋がりも見えてきます。

本書は、それぞれの地域や時代の中で育まれてきた「暦」と「祭り」を紹介することを通して地中海を囲む広大な地域における諸相を広範に扱っています。世界に「眼」を向けることが必要な現代にあって、壮大な文化交流が行われていた地中海世界を覗いてみると「異文化」や「多様性」とは何かを考えさせられます。本書は「暦」と「祭り」を大切にしてきた私たち日本人にとって、地中海世界で作り上げられてきた「暦」と「祭り」を通してそこに生きる人々の生活や考え方を知る良い機会を与えてくれることでしょう。

（比較文化学部比較文化学科／貫井一美）

5

ホモ・デウス

テクノロジーとサピエンスの未来

イスラエル人歴史学者による、人類の未来の可能性を壮大なスケールで描いた大著です。膨大かつ多様な知識、史実をもとに、今日地球の支配者となった人類がこれから何に向かうのか、またその先に何があるのか、とても思慮深く示唆に富む歴史的予測が、わかりやすい比喩も交えて明晰に語られています。すでに世界中に多くの読者を持つ、現代人にとって必読の書です。

歴史を通じて飢饉と疫病、戦争を克服した人類は、人間至上主義という教義、宗教のもと、今後は自らに目を向け、不死と幸福、そして神性の獲得を目指すと著者は予測します。生物工学や情報工学などの技術を駆使して自らを意のままにアップグレードし、私たちはホモ・サピエンス（ヒト）から、神のような力を持つ超人、ホモ・デウス（神のヒト）へと昇華して、思い通りに世界を創造することを目指すというのです。自分とは関係のない絵空事と思えるかもしれませんが、現実はすでにその方向に動き出しています。スマートフォンやグーグルなしでは成り立たない生活、人工知能や遺伝子工学といったテクノロジーの急速かつ飛躍的な進歩など、例には事欠きません。

このような神性獲得の恩恵は、全ての人々が享受するのではなく、ほんの一握りの特権エリート層に限られます。大多数の一般市民は、進歩への列車に乗り遅

ユヴァル・ノア・ハラリ 著　柴田裕之 訳

河出書房新社　2018年　上下各 280頁

れ、雇用もなく余剰人員として無用者階級になると著者は語ります。そしてさらに、自ら求めたその列車の終着点は、皮肉なことに人間至上主義の終焉であり、人間中心の世界、民主主義や自由主義もが崩壊する可能性が示唆されています。それが現実化した場合、私たちはこの世界に何を求め、何のために生きればよいのでしょうか。

これでは人類の未来は救いようのない脅威と絶望のみと感じるかもしれませんが、著書の意図は全く異なります。示された予測はあくまでも未来の可能性としてとらえられるべきで、人間至上主義の夢を貫くためには「単一の明確な筋書きを予測して私たちの視野を狭めるのではなく、地平を拡げ、ずっと幅広い、さまざまな選択肢に気づいてもらうことが本書の目的」と結んでいます。私たちの未来について、関心の持ち方により様々な読み方、考え方ができる幅広さと奥深さを備えた良書です。まずは手に取り、ゆっくりと読み進めてください。これまでとは全く違う世界が見えてきます。

（文学部英語英文学科／江連和章）

6 マリコ

大学生の皆さんにとって「戦争」とは遠い外国の出来事でしょうか？　あるいは日本史や世界史の教科書に出てくる過去の歴史でしょうか？

私も戦争を体験した世代ではありませんが、小学生の時、祖父母の戦争体験を聞くという夏休みの宿題がありました。それまで詳しい話を聞いたことはなく、子供ながらに、つらい体験を聞いてもよいかという迷いもありました。祖父は、鉄砲の弾にあたり自分で取り除いたと淡々と話してくれ、祖母からは、二〇歳のころ、空襲で両隣の人が亡くなったと聞きました。その時、祖母が命を落としていたら、今の私はいなかったと思ったのを記憶しています。戦争を体験した世代の方と一緒にいて感じるのは、生きていくことに苦労した世代のたくましさや知恵であり、皆、戦争だけはしてはいけないと口にするのでした。私の祖父母も既に他界し、戦争を知っている親類はいなくなりました。

さて、この本の主人公である「マリコ」は、太平洋戦争への突入をぎりぎりまで阻止しようとした日本人の外交官とアメリカ人の母のもとに生まれます。ハーフが珍しかった時代、「マリコ」の名は、日米開戦前夜に外交の最前線で実際に暗号として使われ、例えば「マリコサンハイカガデスカ」は、アメリカの外交的態度を探るものでした。「マリコ」の病気は悪くなる一方で高熱も下がらず、つ

柳田邦男 著

新潮社　1983年　433頁　新潮文庫

いに危篤に。両親の国が戦争をはじめたマリコや家族の運命は。

ＮＨＫ記者を経て作家となった柳田邦男のノンフィクションとして、昭和の歴史を知る上で貴重な一冊であり、同氏の別の作品を読んでみることもお薦めします。また、二〇一八年の日曜劇場で放映された「この世界の片隅に」という同じ時代を扱ったドラマの原作は漫画で、映画化もされています。

私たちはすべてのことを体験することはできません。しかし、本は国境や世代を越えて、その時代に生きていた主人公のように、ある人の一生や経験をほんのわずかな時間で疑似体験することができます。映画とは違い、読んだ人それぞれが自由に頭の中で映像にすることができます。『マリコ』は、学生時代、長かった通学時間に読んだものですが、本の世界に引きずり込まれ、思わず電車を乗り過ごしてしまいました。「マリコ」は戦後、日米の懸け橋として活躍したとのことです。

（社会情報学部環境情報学専攻／木村ひとみ）

7

世界史のなかの天正遣欧使節

織田信長や豊臣秀吉が権勢をふるっていた一五八〇年代にヴェネツィアを訪れた日本人がいたことを知って吃驚《びっくり》した、という明治初期の岩倉使節団のエピソード（二〇〇〜二〇二頁）があるが、いまや天正遣欧使節はold newsかもしれない。比較的最近の作品だと若桑みどり氏の『クアトロ・ラガッツィ』（集英社、二〇〇三年）もおすすめである。しかしここで取り上げる伊川氏の著作を読むと、学問の世界における使節団の見方は、視野の拡大や新資料発掘で日々進歩を続けていることが実感できるだろう。以下その見所を三点とりあげてみる。

まず日本とヨーロッパが相互を認識したのはいつなのか。マルコ・ポーロが有名だが、彼はどれくらい信用できるのか。日本が登場する最古の地図はヨーロッパでいつ作られたのか。逆に、「南蛮」は日本の資料では九九七年（！）に言及されているということだが、西洋人である「南蛮人」は日本にいつ、どこで現れたのか。南アジアとは異なるヨーロッパの認識はいつ日本で生じたのか。実に基礎的な疑問だが、意外と込み入っていて単純な回答が難しいのだということを本書は認識させてくれる。

次に天正遣欧使節のヨーロッパにおける足跡について。少なくとも明治時代から膨大な資料収集が続けられているのにもかかわらず、未知のものや不完全な検

伊川健二 著

吉川弘文館　2017年　ix, 219頁

討しかされていないものが多くあることにむしろ、わくわくすべきだろう。本書でも新たな指摘は無数にされているが、とくにローマ近郊に残る地元の公証人と使節団の日本人家庭教師、ジョルジュ・ロヨラの対話記録の紹介（一五四〜一五六頁）に注目したい。ジョルジュ・ロヨラは相当なインテリで、帰国前に早逝してしまったが使節団で重要な役割を果たした……にもかかわらず、日本名すら今に至るまで不明である。だが、本書でそのヒントが提示されている。

最後に、天正遣欧使節の評価について。当時から、これは偉大な外交事業なのだという見方と、嘘で塗り固められた作り話なのだという見方があった。ただ広い視点をとってみると、国の成り立ちや定義、外交慣習で一致していない近世ヨーロッパと日本（のキリシタン大名領）の間で交流しようとしても問題が生じるのは当然であったのではないか、ということを本書は気づかせてくれる。

（比較文化学部比較文化学科／渡邉顕彦）

8 いま平和とは

人権と人道をめぐる９話

近い将来、共に社会の片隅を担うみなさんへのおすすめ。特に後半から最後にかけてのお話は、みなさんの成長のきっかけとなるでしょう。本書のタイトルのとおり、現代における「平和」とは、戦争がないことだけを指すのではありません。人権や人道――より身近な言葉で表現するなら平穏、無事、安寧――といったことも、「平和」に含まれるようになっています。だとすると、私たちにとって「平和」とは、非常に身近な問題だということになります。そうです、私たちはそれを侵害されたり（奪われたり）、侵害したり（奪ったり）、守り支えたり、支えられるといった当事者になりえるのです。この本は、そうした「平和」の意味が変わってきたようす、「平和」を守り支える組織やしくみ、そして人、ルールと方法、そして「平和」になり「平和」でありつづけるための心持ちや覚悟についても触れています。

この本を通して、いまこの時にも黙々と「平和」を支えている人々の想いや願いを感じてください。みなさんなら、「平和」のどの部分（側面）をどのように支えるでしょうか。そうしたことを考えることが、さしあたっての進路選択の指針になるでしょう。そのとき、それぞれの学部・学科・専攻で得る知識や技術そして能力が、みなさんとその周囲の「平和」を支えることでしょう。

最上敏樹 著

岩波書店　2006年　viii, 223頁　岩波新書

「平和」がテーマなだけに、この本には従来の「平和」つまり戦争に関係する記述ももちろんあります。そういった話が苦手な方も、心配せずに読んでくださ い。この本は、各話と目次の見出しに使われている言葉を手がかりに読み拾えば理解できるように書かれてあります。その作業は、学部・学科・専攻を問わず学びの役に立ちます。

もちろん、専門・専攻として国際関係を学びたい方にとっても、この本は現代国際社会の基本的考え方、国連やNGOといった国際社会の登場人物（アクター）、構造的暴力や人道的介入そして多文化共生といった現代国際関係の主要テーマ、多文化共生や和解そして関係構築に不可欠なマインドについて考えるよいきっかけを与えてくれます。大妻女子大学での授業でこの本を用いる機会があるので、そのときにはぜひ、一緒に「平和」について考えて、たくさん意見交換をしましょう。

（比較文化学部比較文化学科／井上淳）

9 エリア・スタディーズシリーズ

海外に関心をもったら、まずはこのシリーズの本を手に取ってみよう。このシリーズでは、一般読者にむけて世界の国々（地域）の概要を原則として五〇～六〇章で紹介している。例えば『台湾を知るための60章』や『アメリカ先住民を知るための62章』など、特定の国（地域）や対象に絞ったものもあれば、『ケルトを旅する52章』のような切り口で編集されたものもある。改訂を重ねているものもあり、それらを含むとこれまでに二一五シリーズが刊行されている（二〇一九年三月時点）。各章は二～三頁の読み切りなので、その国やトピックについて広く知ることができる。必ずしもすべての章を読む必要はなく、関心のある章のみに目をとおしてもよい。もっと知りたくなれば、巻末の「文献ガイド」で紹介されている文献にあたってみるとよいだろう。「文献ガイド」には、各章ごとに一～三点を目安に提示するよう編集されている。初学者にはうってつけの一冊である。

このシリーズの特徴として、研究者だけではなく企業人、ジャーナリストや現地滞在の日本人、現地の大学の研究者なども執筆者として加わっているものもある。筆者が執筆した『タイを知るための72章【第二版】』では五六人が、『ミャンマーを知るための60章』では章数よりも多い六九人の多様な執筆陣が寄稿している（章とは別にコラムがあるからである）。他方で、『オーストラリアを知るため

明石書店　写真は『ミャンマーを知るための60章』2013年

の58章【第三版】』のように執筆者が一人だけのものもある。

執筆者数の多さに着目してこのシリーズをみてみると、当該地域の研究者や専門家、関わる人の層の厚さを推察することができる。原稿執筆にあたり、基本的な知識とともに執筆者の専門や経験を生かした内容をできるだけ豊富に入れることが求められている。入門書でありつつも教科書的な記述にとどまらず、執筆者のオリジナルの視点や経験も加味されているところがこのシリーズの魅力である。

執筆者数が少ない場合、特定のディシプリン（専門分野）の研究者で編集されていることも考えられる。そのため執筆者数の少なさは、必ずしも当該国やテーマの研究者の層の薄さを示すわけではない。読み終わったあと、異なる著者の本を読み記述内容の共通点や違いを考えてみることで、より対象への理解を深めることができる。

（比較文化学部比較文化学科／久保忠行）

II

他者を知り、自分を考える

10

知と愛

男同士の友愛を描いた作品。女子校時代に読み、修道士ナルチスと芸術家ゴルトムントの関係性に一気に惹かれてしまった。女ばかりの学園生活は、ヘッセが描く少年の精神世界に耽るには理想の空間だった。

この小説は宗教と芸術を主題にしているだけでなく、構成の点でも芸術的だ。時間軸が三部に分かれており、音楽のソナタ形式のようだ。まず主題があり、それがまるで先がわからない人生のように波乱万丈の展開となり、最後にまた主題が戻ってくる、というかたちに。後に芸術家となるゴルトムントが修道院で青年教師ナルチスとともに過ごした穢れなき少年時代（静）、修道院を後にして各地をさまよう疾風怒濤の青年時代（動）、ナルチスに会うためにふたたび修道院へと舞い戻る中年期（静）、と物語は進む。ひとつところに留まるナルチスは宗教（知）を体現し、一方、自由奔放に旅路をめぐるゴルトムントは芸術（愛）を体現している。

物語の鍵を握る二人がはなればなれになるときには、去る側も残る側も傷つくものだが、旅に出たゴルトムントの試練つづきの人生も、彼を自由な世界に送りだしたナルチスの包みこむような懐の深さに最後には癒やされてゆく。どんなにきびしい運命の嵐にさらされようとも、自分自身に戻れる時と場はかならずめ

ヘルマン・ヘッセ 著　高橋健二 訳

新潮社　1959年　371頁　新潮文庫（ほかに角川文庫版などがある）

ぐってくると本書は教えてくれる。ゴルトムントの人生に流れゆくやさしい時間は、読者の心も洗い清めてくれる。

ドイツ音楽よりもフランス音楽を好んだ学生時代のわたしがヘッセを手にしたきっかけは、読書通の級友の勧めであった。まだアマゾンのブックレビューがなかった時代、わたしたちは読むべき本を、書評や書店の勧めを見たり、図書館の展示を見たり、友人たちが語る感想を頼りにしたりしながら探りあてたものだ。なかには自分には合わないと途中で読むのを止め、大人になってからふたたび手にした書もあったり、少女時代に愛読した書でも、人生の半ばにはその存在すら忘れかけていた作品もあったりする。わたしにとって『知と愛』は後者にあたる。人生のソナタの前半部に聴いていた主題が通奏低音のように響いていたということだろうか。

若い学生が読むには静と動の対比がめまぐるしく、主人公の生き方や小説の社会背景を含めて想像力を必要とする作品だが、感性がやわらかな日々にぜひ手に取ってほしい小説である。

（社会情報学部社会生活情報学専攻／小泉恭子）

11 友だち幻想

嫌われる不安からＬＩＮＥをやめられない、本音をいうと友達関係が崩れる……いま、一〇代・二〇代の人間関係はたいへん複雑になっています。

本書は、異なる感性を持つ者同士が、無理をして「仲間」付き合いをするのではなく、といって、排除したり、無視したりするのでもなく、「距離を持って互いにやり過ごす」ことを提案します。大学生活でも大切な知恵でしょう。

一九七〇年代あたりまで、一〇代の友人関係は、もっと単純でした。小学生のころは、家が近所だとか、机が隣とかいった、偶然で友達になることが多いでしょう。しかし、中学生以上では、趣味やものの考え方など、互いの共通性を大きな要素として親しくなる場合が多かったと思います。「友だち」とは、思うことを何でも語り合える相手のことでした。

しかし、八〇年代に入るころから、中学生でも、交友関係にとくに必然性がない場合が増えていきます。部活動が強制になり、練習も長時間に及ぶようになった結果、子供たちが自分の「好きなもの」を発見する機会が減ったことも一因かもしれません。本当に惹かれあっているわけではない場合、相手の感情を害して交友関係にひびが入ると困ると思って、常に相手の感情状態を気にするようになります。

菅野仁 著

筑摩書房　2008年　156頁　ちくまプリマー新書

本当に気持ちが通じ合っている相手とは、少しくらい離れていても、気になりませんが、そうでない場合、相手が自分をどう考えているかが気になって、常につながっていないと不安になるわけです。それが、たとえば中学生や高校生が、LINEを夜もやめられずに寝不足になるといった現象につながります。

著者の菅野さんは、若者が、こうしたストレスに満ちた人間関係を変えて、本当に気持ちの通じ合う人とは親しく、そうでない人とは距離をとることを勧めます。「距離を取る」というのは、対立ではなく、「やり過ごす」という淡白な関係を作るということです。

でも、一番大切なのは、「自分」を作ることです。大学に入ったら、授業や関連学習に本気で取り組むと同時に、本や映画、音楽に幅広く接し、「好きなもの」を作ること、深めることが大切です。そうして、趣味や「好きなもの」が共通する人を見つけて、ストレスのない交友関係を作っていってください。

（家政学部ライフデザイン学科／波津博明）

ノルウェイの森 ㊤ 村上春樹

12

ノルウェイの森

今や日本を代表する世界的作家となった村上春樹の若い頃の代表作です。現代の学生にとってはもうかなり古い本の部類に入ってしまうと思います。けれども、村上春樹の代表作としても、そして「心の病」「男と女」「青年期の迷い」など現代でも十分にリアリティのある問題を扱った魅力的な作品として、一読の価値があります。

特に女子大生の視点からは、「女性が苦しみやすい心の問題」とそれに対して「若い男性にとっていかに女性の心が謎めいているか」という重大なテーマがあります。とくに一〇代の終わりから二〇代前半にかけて、女性の繊細さと男性の繊細さは、全く領域を異にするという現実があります。そんな中で主人公たちは苦しみ傷つき、時には深刻な心の病を抱えながら、結局はよくわかりあえないまま、それでも惹かれあって時として癒されています。

もちろん、視点を変えれば若い女性も男性の心を理解できないままです。主に男性のプライドとロマン主義や理想主義について、女性はなかなか理解しにくいといっていいでしょう。言い方を換えれば、「女性のもつ相手の気持ちやその場の雰囲気への繊細さと、男性の傷つきやすいプライドと理想主義は、簡単には理解し合えない」と言ってもいいでしょう。いえ「永遠に理解し合えない」と言っ

村上春樹 著

講談社　2004年　上・304頁＋下・296頁　講談社文庫

てもいいでしょう。このような普遍的な前提の中でこの小説の主人公たちは、ちょっと不思議でロマンティックなかかわりを持っていきます。

ちなみに村上春樹の作品はその後、「表面ではわかり合えないから、深い心の深層でつながる」「どうしても人と人とのつながりを実感できないから、より神秘的な次元でつながる」というまさに「心理学小説」というべき作品群へと連なっていきます。

通信機器やSNSの発達によって、一見誰とでも親しくつながっているような現代人が、実は深い孤独を抱えつつあるという現実の中で、村上春樹の「人と人はどのようにつながることができるのか」「人と人はつながることが可能なのか」というテーマはとても大切な示唆を与えてくれるでしょう。

そして、すでに若くはない私からすると「孤独は癒されない。でも人と人とはつながることができる」ということも、お伝えしたくなる、そんな小説です。

（人間関係学部人間関係学科社会・臨床心理学専攻／福島哲夫）

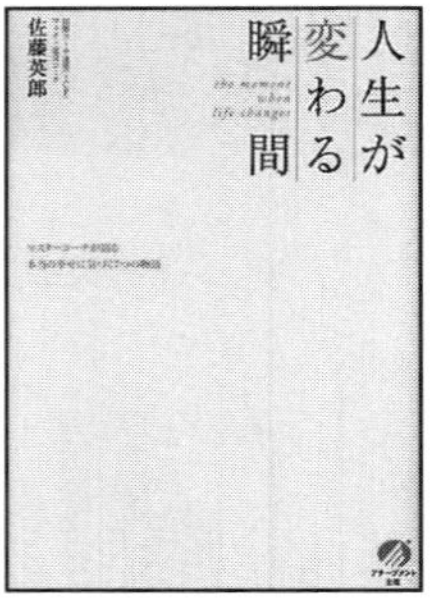

13

人生が変わる瞬間

マスターコーチが語る
本当の幸せに気づく７つの物語

この本はコーチングの世界での最高タイトル「マスター認定コーチ」の資格を有する著者佐藤英郎氏がこれまでの人生の中で、多くの人と接してきた中で見つけた、「人生が変わる瞬間」に出逢う必要な気づきを七つの物語を通して描いています。

七つの物語のテーマになっているのは「仕事の価値」「夫婦関係」「親子関係」「大切にしている思い」「夢や目標」などで、世代もライフスタイルも異なる七人の主人公が様々な困難や壁に直面し、悩み、苦しみながら、『人生が変わる瞬間』を迎え、人生を大きく好転させていく物語となっています。

学生の皆さんにとっては、これから仕事をしたり、結婚をしたり、家庭を作ったりしていく未来の話が多いかもしれません。しかし、これまでの人生や大学生活の中で、誰でも失敗したり、辛かったりという経験があるでしょう。例えば、友人関係や家族関係で悩んだことのある人もいるでしょうし、目標としていたことに届かず悔しい思いをしたことがある人もいるでしょう。そんな時、皆さんは何を考え、どのようにその出来事に対処してきましたか？

この本は、人生の壁にぶつかったときに大切な二つの考え方を示しています。「人は『他人と過去』を変えることはできないが、『自分と未来』を変えることが

佐藤英郎 著

アチーブメント出版　2008年　198頁

できる」ということ、「変えることができるのは自分自身」ということです。

多くの人は、うまくいかないことがあると他人を理由にし、他人を変えようとします。また、過去にあった出来事に責任があるとすることもあります。しかし、過去は変えられないですし、他人も自分が思ったように変わることはありません。そんな時に変えられるのは自分と未来だけです。自分と未来を変えるためには、自分自身の今の行動を変えていくことが必要です。自分の行動を変えるために、この本には自分に問う「五つの質問」が書かれており、その質問に回答するために自分自身を見つめ考える時間を取るということがとても大切だと述べられています。

自分を変えることは勇気が必要かもしれません。周りの目が気になることもあるかもしれません。でも、どんな小さなことでも少しだけ進む、やってみることで未来が少しずつ変化することはあります。困難にぶつかったとき、過去のことで苦しんでいるとき、小さな一歩を踏み出してみましょう。

（人間関係学部人間福祉学科／山本真知子）

14

思い出のマーニー

児童文学は子供だけのものではない。優れた児童文学は大人の再読にも耐え、大人の目で再読すれば必ず新たな発見がある。英国にはそういう優れた児童文学が数多存在する。

ジョーン・G・ロビンソンは挿絵画家・絵本作家であり、『くまのテディ・ロビンソン』や『メアリー・メアリー』のシリーズで知られる。『思い出のマーニー』はやや年長の子供向けの長編小説であり、異色作である（挿絵はロビンソンではなく、『くまのパディントン』シリーズの挿絵で有名なペギー・フォートナムによる）。ジブリ映画でもお馴染みの作品だが、文学作品を原作とする映画はつねに本を読んでから観ることを強くお勧めしたい。

ジブリ映画は釧路湿原の湖畔に設定されているが、原作はイングランド東部のノーフォーク州が舞台である。沼沢地の河口近くの、空が広く雲が多い寂寞《せきばく》とした土地が背景となる。一九世紀前半にノリッジ派の画家たちが描いたような風景だと思えばよい。ロンドンに住む主人公の孤児アンナはこの世に「目に見えない魔法の輪」があると思っていて、自分はつねに輪の外側にいるため、友達と親しくすることは自分とは無関係のことだと決めつけている。そもそもなぜ友達が必要なのかもアンナは理解できない。育ての親のプレストン夫人は医師と相談し、

ジョーン・G・ロビンソン 著　松野正子 訳

岩波書店　2003年　上・238頁＋下・225頁　岩波少年文庫
（ほかに、新潮文庫版がある。アニメ版は徳間書店から）

夏休みを前倒ししてノーフォークの小さな村に住む旧友ペグ夫人の許にアンナを預けることにする。この土地がアンナを少しずつ回復に向かわせる。

湿地の河口の寂しげな風景の中に建つ一軒の大きな古い家にアンナは目を惹かれる。長年空き家のはずのその家の窓辺には一人の少女がいて、アンナは見つめられているような気がする。やがてアンナはこの少女マーニーと親しくなり、初めて友達に心を開くことができるようになる。だがマーニーはある日突然いなくなってしまう。その後、古い家はロンドンに住むリンジィ家に別荘として買い取られ、アンナはこの家族と懇意になり、家に残っていた古い日記を手掛かりにマーニーの正体を探求することになる。

英国の児童文学（特にファンタジー）の名作には古い屋敷を舞台として、そこで主人公が過去を探索する物語が多い。フィリッパ・ピアスの『トムは真夜中の庭で』（岩波書店、二〇〇〇年）、ルーシー・ボストンの『グリーン・ノウの子供たち』（評論社、二〇〇八年）、アリソン・アトリーの『時の旅人』（岩波書店、二〇〇〇年）もお勧めしたい。

（比較文化学部比較文化学科／安藤聡）

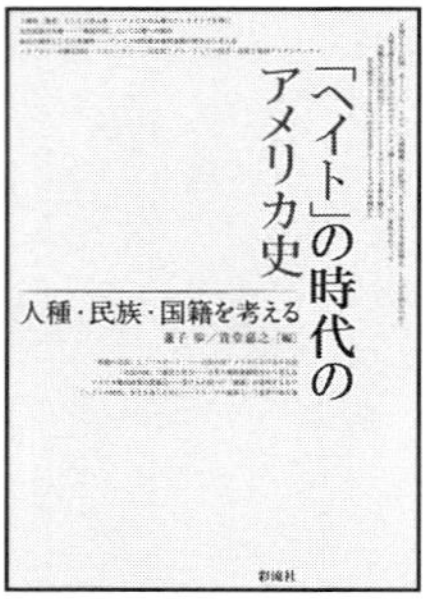

15

「ヘイト」の時代のアメリカ史

人種・民族・国籍を考える

二〇二〇年の東京オリンピック・パラリンピック開催を間近に控え、若者の世界への関心は高い。本学においても、海外からの訪問者に日本文化を知ってもらうために衣食住の研究を深めたり、語学学習を強化したり、航空会社や旅行会社への就職を考えている学生も多いのではないだろうか。世界の人々と相互理解に基づいて良好な関係を築き、共存していくためには、一方で相互理解と逆行するような事態、「ヘイト（嫌悪）」の広がりについて知っておく必要がある。なぜなら、日本においても、「無意識的な偏見」が存在している。「無意識的な偏見」として取り上げたいのが、「肌の色」である。

日本においてはアフリカ系の親を持つアスリートの活躍が目覚ましく、「身体能力の高さ」を称揚するものが多い。女子テニス選手の大坂なおみさんは、目覚ましい活躍ゆえに「日本人選手」と報道されている。最近、大坂なおみさんの肌が日清の広告で「白い肌」に描かれ、海外から批判を受けた。このような事態には、先例があった。宮本エリアナさんが二〇一五年のミス・ユニバース日本代表に選ばれたとき、ネット上では、「彼女は日本人的でない」、なぜなら「肌が白くない」からだといった批判が存在した。日本人とは何か、日本的な美とは何だろうか。肌の色にまつわる「無意識的な偏見」は、多様な出身国の親を持つ子ども

兼子歩・貴堂嘉之 編

彩流社　2017年　292頁

たちの個性や多様性への不寛容となって現れる。日本版「ヘイト」である。
本書は、ヨーロッパ系白人がマジョリティ（多数者）であるアメリカ社会のマイノリティ（少数者）の視点からアメリカ史を学ぶ論文集であり、「第一部 マイノリティの表象を読み直す」、「第二部 マイノリティの『コミュニティ』を再考する」、「第三部 アメリカの『自由』とマイノリティ」において、アフリカ系アメリカ人、先住民、女性、ＬＧＢＴ、アジア系アメリカ人、難民、人の移動とパスポートなど、日本社会とも無関係でないテーマを扱っている。アメリカ合衆国の社会変革は、これらマイノリティによる差別撤廃のための地道な運動によって成し遂げられてきた。本書は、アメリカのマイノリティの歩みを理解し、そのうえで日本という空間で顕在化する「無意識的な偏見」を見出し、その「偏見」を越え、様々な国の人々と相互理解を深める助けとなるだろう。

（比較文化学部比較文化学科／高田馨里）

III

幸福のかたち

16

君は永遠にそいつらより若い

小さな違和感や不安を感じたとき、手にとってほしい小説です。

主人公の「わたし」は、就職を控えた大学生です。自分の世界観をもった彼女は、日常のなかで感じ取ったかすかな孤独を、ユーモラスな感性で語っていきます。

「わたし」の心はいつも、弱い側に置かれたり、暴力を受けやすい存在に感応してしまいます。そのため、取るに足りない場面では、つい相手に譲って「負ける」ことを選んでしまい、結果として、煩わされたり、振り回されたりしがちです。そんなふうにしてうっかり巻き込まれた面倒が思わぬきっかけとなり、あるとき「わたし」は、視界の隅にいた女性「イノギさん」と出会います。イノギさんとの距離は次第に縮まり、かけがえのない大切な存在になっていきます

小説のテーマは「傷をめぐる言葉」です。イノギさんから、頭部に残った残酷な傷跡を見せられ、癒やすことのできない過去の痛みを伝えられたとき、「わたし」は自分がどうしたらいいのか、戸惑いながら考えます。ふるえるような「わたし」の思考は、小説のタイトルに共鳴します。実は、「君は永遠にそいつらより若い」というのは、ある男の子に対して、「わたし」が心の中で呼びかけ続けている言葉です。四歳のときに誘拐され、今にいたるまで行方の知れない男の子

津村記久子 著

筑摩書房　2009年　254頁　ちくま文庫

の存在を、主人公はなぜか、忘れられずにいます。誰とも知らない男の子に対して、「わたし」は何もできないまま、時間だけが過ぎていきます。しかし、時間が過ぎれば、彼はいずれ成長する。成長すれば、少しずつ力が得られるにちがいありません。小説のタイトルは、弱さにつけ込まれ、傷つけられた存在に対して、大丈夫、時間は君の味方なのだ、という励ましの意味が込められたフレーズなのです。

行方のわからない男の子を助けるために、あるいは、イノギさんの傷に寄り添うために、いったい何ができるのか。意味がないことなのかもしれなくても、自分に何かできることはないのか、「わたし」は自問します。

痛む傷の隣で、そっと一緒にあろうとする「わたし」は、他者の言葉にひたすら耳を傾けます。小説が、語る言葉である前に聞く言葉であることを教えてくれる佳品です。

（文学部日本文学科／内藤千珠子）

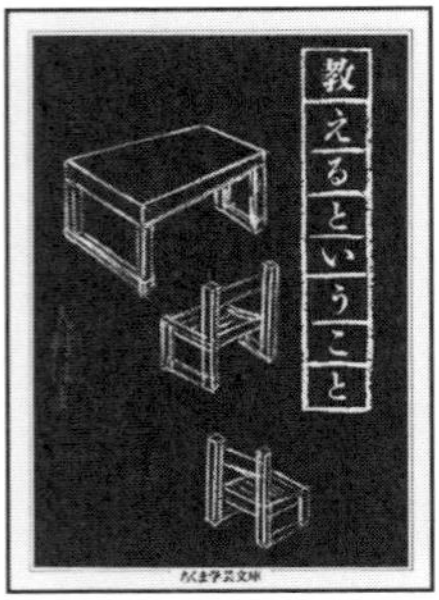

17

教えるということ

社会の変化は加速度を増し、複雑で予測困難な状況を迎えています。今後さらに人工知能の発達、高度情報化やグローバル化は人間の予測を超えて進展し続けることでしょう。こうした時代を踏まえ、教育界に対して大いなる変革と期待が寄せられています。それは、変化を前向きに受け止め、私たちの社会や人生、生活を人間ならではの感性を豊かに働かせて、より豊かなものにしたり、現在では思いもつかない新しい未来の姿を構想したり実現したりしていくことです。未来を切り拓く人間を育むための責務を担っているのが、取りも直さず教育であり、教師です。個々の人間がどのような職業や人生を選択するかにかかわらず、教師は未来を生きる児童生徒に対してどのように接し、何を伝えていくかが問われています。今後教師を目指す人、そして現職の教師一人ひとりが「教育とは何か」「教えるとはどんなことか」の原点を改めて問い直し、問い続けることが大切です。

本書の筆者、大村はまは生涯一教員として国語教育に情熱を注ぎました。東京都教育功労賞やペスタロッチ賞も受賞しています。「教える」ということに真摯に向き合いました。この本に私自身が小学校教師を十年経験した時に出会いました。少し一人前になった気分の時期です。内奥に今も残る一節があります。一部を要約します。

大村はま 著

筑摩書房　1996年　236頁　ちくま学芸文庫（ほかに共文社版がある）

「仏様がある時、道ばたに立っていらっしゃると、一人の男が荷物をいっぱい積んだ車を引いて通りかかった。そこは大変なぬかるみ。車はそのぬかるみにはまってしまい、車は動かない。男は汗びっしょりになって苦しんでいる。いつまでたってもどうしても車は抜けない。その時、仏様はしばらく男の様子を見ていらっしゃいましたが、ちょっと指でその車にお触れになった。その瞬間、車はすっとぬかるみから抜けて、からからと男は車を引いて、行ってしまった」という話です。本書では、「こういうのがほんとうの一級の教師なんだ。男は仏様の指の力にあずかったことを永遠に知らない。自分が努力して、ついに引き得たという自信と喜びとで、その車を引いていったのだ」という、一人で生きていく自信と真の強さを引き出す大切さを唱えます。

大村は、「『子どもが好き』だけではダメ」と戒め、慕われる教師を目指していた私にそれだけでは三流であることを教えてくれました。教師を目指す方に推薦します。

（家政学部児童学科児童教育専攻／樺山敏郎）

18

自信力が学生を変える

大学生意識調査からの提言

二千人規模での大学生に対する調査によって明らかになった、大学生の学習に関する意識を紹介した本である。

内容は、大学生の日頃の授業や学習への意識を数値的に分析し、随所でインタビューを行い、調査結果を考察している。結論を一言でいえば、「どの大学生たちも本来勉強をしたがっている」ということである。「大学生はなまけてばかりで勉強しない」という久しく言われてきた一般的イメージを覆す、あるいは、少なくともそのような固定的な視点に一石を投じるメッセージを読者に投げかけてくる。調査の方法やその解釈の細かい部分については賛否両論があるようだが、それでも大学生の学習への構えをより深く考える上で、貴重な視点を与えてくれる本と言える。

「学生たちの勉強時間は少なく、意欲に乏しいとみえる姿勢は表面的なものである」という指摘に、一般の目からは半信半疑の目が向けられることもひょっとしてあるかもしれない。ただ読んでいくと、実際の大学生たちの心のうちが新しい迫り方で見えてくる。つまり、述べられているように、「たくさん課題が出され、それをしっかりみてくれる」という環境にあれば、ほとんどの大学生が勉強することに肯定的な姿勢を持ち合わせていることが調査からわかる、とある。授業を

河地和子 著

平凡社　2005年　217頁　平凡社新書

さぼって友人たちとカフェでおしゃべりをしたり、カラオケに行ったりしている学生であっても、「本当は勉強できたら」と、そのこと自体に罪悪感や葛藤を抱えていると説明されている。

大学だけでなく小中高の教育現場をみると、日頃のニュースや新聞などでもわかるように、昨今教員は多忙を極めている。一人ひとりの提出物に添削を入れる余裕すらないのが現場の状況かもしれない。しかし一方で、もし本書にあるように学生一人ひとりが「本当は学びたい」という気持ちがあることがわかったとしたら、大学側はやはりなんらかの手立てが必要だという気にさせられるかもしれない。

学生に満足感が与えられる授業とはいったいなんなのか、という問いに答えを出すのは難しい。個々人の価値観、学力差、性格など多様な要因があるからだ。少なくとも本書が投げかけているのは、学生と教師の双方が互いに授業を作っていく、という普段忘れかけている視点をもう一度思い出すことなのだろう。

（文学部英語英文学科／千田誠二）

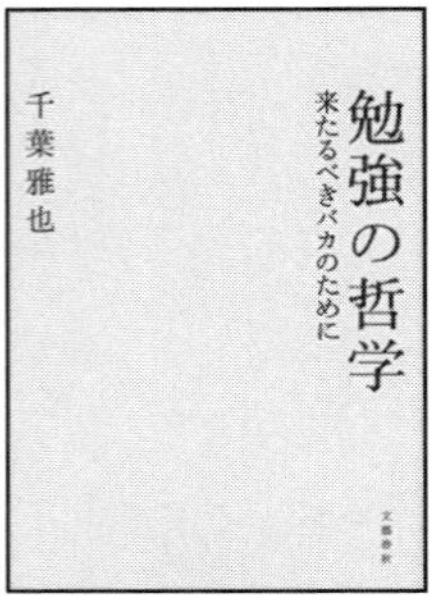

19

勉強の哲学

来たるべきバカのために

大学での学びは、それまでの勉強といったい何が違うのだろうか。よく言われるように、正しい知識を覚えるそれまでの勉強に対して、知識を活用し、思考を展開させていく学びが大学でのそれだと考えるにしても、その感覚をつかむのはなかなか難しい。特に「文系」の場合、その学びはわかりやすく「役に立つ」ものには見えないため、大学生活のなかで少しずつそれがわかってきたり、わかりきらないまま大学を卒業していくことも多い。

文系に限らないかもしれないが、文系（とくに女子大学）にありがちな場面として、周りの「空気」「ノリ」に合わせて学びの機会を自ら閉ざしてしまうということがある。今日の大学では、自分の考えを話したり、人の発表に対して意見を言う場面が増えつつあるが、そのときに周りから浮くことを何よりも気にして、世の中一般の常識をなぞりなおす無難な発言に終始したり、周りに追随したり、発言自体を控えてしまったり、ということはよくある。

これは今日の大学生が情けないという話ではなく、大学生たちにそうさせる「空気」「ノリ」のあり方を考える必要があるのだが、それはひとまずおくとして、本書では「深く勉強するというのは、ノリが悪くなることである」として、そのような「空気」「ノリ」からいかにして離脱し、表面的ではない学びを始めてい

千葉雅也 著

文藝春秋　2017年　237頁

くことができるのか、アイロニー、ユーモア、中断、有限化といったキーワードをいくつか挙げながらその技法およびそれを下支えする「哲学」を示すものである。

「周りのノリ」に合わせて過ごすことはそれ自体、安心をもたらすかもしれない。しかしそこから離脱して「自分のノリ」が得られたとき、どのような空気のなかでも過ごしていける自由と、この世界を楽しんで生きる手がかりを得ることができる。そうした「自分のノリ」を得るための手がかりが、大学におけるさまざまな専門的学問分野である。ではそうした専門分野をどのように勉強していくのか……。

と、ごくかいつまんで紹介したが、本書において何より面白いのは、議論のそこかしこに散りばめられた哲学用語である。用語の解説本がなくとも本書は理解できるものだが、著者が現代哲学の成果を踏まえて本書を書いていることがよくわかるつくりにもなっていて、それがさらなる学びへの伏線になっている。こうした意味で、本書は知識を活用するというのはこういうことだ、という見本にもなっている。

（人間関係学部人間関係学科社会学専攻／牧野智和）

20

人は見た目が９割

この本を目にしたとき、「人を見た目で判断するものではないのに、見た目で人を判断するなんて不謹慎なテーマだな」と思いつつ、「本当だろうか」という猜疑心をもち観照してみようと購入した本です。二〇一四年に少しテーマは変わりましたが『やっぱり見た目が9割』（新潮社、二〇一三年）と続編が出版されました。表紙を開けて目次をみると、第一節 人は見た目で判断する、第二節 仕草の法則、第三節 女のうそが見破れない理由、第四節 マンガの伝達力、第五節 日本は無口なおしゃべり、第六節 色と匂いに出でにけり、第七節 良い間、悪い間、抜けてる間、第八節 トイレの距離、第九節 舞台は人生だ、第一〇節 行儀作法もメッセージ、第一一節 顔色を伺う、と並んであります。著者の竹内一郎は劇作家・演出家です。著者の言う「見た目」とはなんでしょうか。

私たちは、人とのコミュニケーションを言語だけでやり取りをしているわけでなく、相手の表情や動作、声のトーンや話し方などを含め行っています。アメリカの心理学者アルバート・メラビアンが提唱した「メラビアンの法則」では、人物の第一印象は初めて会ったときの三〜五秒で決まり、その情報のほとんどは視覚情報から得ていると説明しています。その比率は、見た目、表情、しぐさが五五％、声の質や話す速さ、声の大きさ、口調等が三八％、ことばそのものの意味

竹内一郎 著

新潮社　2005年　191頁　新潮新書

や内容が七％だそうです。つまり、言語以外でコミュニケーション（ノンバーバル・コミュニケーション）をとっている割合が九割ということになります。この本はこの非言語的コミュニケーションをうまく使っている、マンガや演劇を通して読者に伝えています。決して、「美人は得でブスは損」とか「美人やルックスなどを良く見せるためのノウハウ」を書いているものではありません。

昔はつり革につかまりマンガ雑誌を片手に読むひとを見かけましたが、今はスマホで電子漫画サイトを利用しているひとが多くなりました。マンガを見ていることには変わりありません。この本には、マンガの表現方法が見るものの視覚にどのように影響を及ぼしているかも解説しています。また、舞台の演出の観点から、人の見た目が与える大きさを論じています。この本でマンガを読んでいる人は見方が少し変わるでしょう。非言語コミュニケーション入門書ですので一読する価値はあると思います。

（人間関係学部人間福祉学科／佐藤富士子）

21

河合隼雄の幸福論

臨床心理学者・臨床心理士として有名な河合隼雄による幸福論です。幸福論は古今東西たくさんありますが、ほとんどが思想家・哲学者か文学者のものです。それらに比べると、読みやすいだけでなく、一般の人が陥りやすい悩みや問題に触れながら、有益で身近な幸福論として、一読の価値があります。

著者の河合隼雄は、もうご存知かもしれませんが、日本の臨床心理学者の草分けとして、そして「日本人ユング派精神分析家」第一号として、一九八〇年代から二〇〇〇年代前半にかけて活躍した人です。臨床心理士資格の創設に奔走し、文化庁長官も務めた人です。

本書の内容を簡単にご紹介しますと、「効率優先主義への疑問」「形式や外見上優れていても、それが幸福につながらないこともある」「今、うまくいっていないように見えても、それが後々の幸福につながることもある」「ひたすら相手の話を聴くことが、相手を元気にする」というような教訓が様々なエピソードをもとに、やさしい文体で書かれています。その中には、著者得意の児童文学もいくつか紹介され、時にはあの有名な『モモ』から別の「モモじいさん」の話、木の話から「林さん」、そして森の話になったりと、ウィットに富んでいます。

そしてもちろん著者の専門である、スイスの心理学者カール・グスタフ・ユン

河合隼雄 著

PHP研究所　2014年　255頁

グに関する記述も複数あります。ユング派の心理学者ならではの、「西洋人と日本人」から「竜退治」、「(内面での) 母親殺し」の話にまで及びます。

この幸福論は、他の思想家によるそれとは違って「一話読み切り型」のエッセイです。そして、その底に流れるものは「現代日本人よ、もっとゆとりをもって」というメッセージと、「欧米人と比べた時の日本人」という著者長年のテーマでもあります。この「欧米人と比べた時の日本人」というテーマは、一九二八年生まれという著者の世代ならではのものがありますが、これとても現代日本人が忘れかけている大切なテーマです。これらのテーマにまつわるエッセイがちりばめられた幸福論ですので、どこからでも簡単に読むことができます。

そして、この本に続いて著者の代表作である『母性社会日本の病理』(講談社、一九九七年) や『影の現象学』(講談社、一九八七年)、『明恵 夢を生きる』(講談社、一九九五年) にたどり着くのもお勧めです。さらにはユングの著作にまで手を広げて「ユング心理学」の広大な海に触れるのもまたとない機会でしょう。

(人間関係学部人間関係学科社会・臨床心理学専攻／福島哲夫)

22 生きる意味

本書は、次のような強烈な表現で始まります。

> 私たちがいま直面しているのは「生きる意味の不況」である。
> 一部屋に一台テレビがあるような暮らし。一家に一台も二台も車があるような暮らし。それはこの地球上で一握りの人たちのみに許された豊かさである。しかしその中で生きる私たちは生きることの空しさを感じている。自分がいまここに生きている意味がわからない。

このことに少しでも共感する方には本書を一読することをお勧めします。

本書は、生きることの空しさを感じるのは、これまでの日本が経済的豊かさを求めることに価値を置き、すべてを効率の尺度でみるような社会であったことが関係しているのだと教えてくれます。そういう社会が、偏差値やランキングで良し悪しを測るような価値観を、他人がうらやむ大学への入学、会社への入社、結婚、家庭生活を獲得すれば人生の勝ち組、そうでなければ負け組であるという価値観を私たちに植え付けたのです。このような「罠」にとらわれ、自分がありたい自分でいることができないということが、生きる意味の喪失を招いているとい

上田紀行 著

岩波書店　2005年　vi, 228頁　岩波新書

うわけです。さらに、このような価値観は、愛着あるコミュニティや集団、他人との間の信頼や協力といった、私たちの生きる意味を支えてくれたものをも大きく損ねてしまいました。

では、どうすれば生きる意味を獲得できるのでしょうか。

本書は様々な方向を示してくれていますが、大学での学び方の提案が示唆に富みます。それは、「儲からない学問」として重視されなくなってきた文学、芸術などこそが、実は「生きる意味」の探究において大きな力となってくれるという指摘です。裏を返せば、「儲かる学問」とは、現状の中で「うまく生きていく」ためのもの（how）のことであり、決して「よく生きる」、つまり生きる意味をみつけるためのもの（what, why）ではないということなのです。

よって、「儲かる科目」にだけ力を入れようと思っている人、またいったい何のために大学で学ぶのかがわからないという人の両方に、本書は大いにお勧めできるものです。なぜなら、両者とも、多かれ少なかれ「罠」にはまっているからです。本書をきっかけにこの「罠」から脱出し、広い学問の世界で思い切り呼吸して、人生を真に豊かにするヒントをつかんでもらいたいと思います。

（家政学部ライフデザイン学科／宮田安彦）

IV

人生を設計する

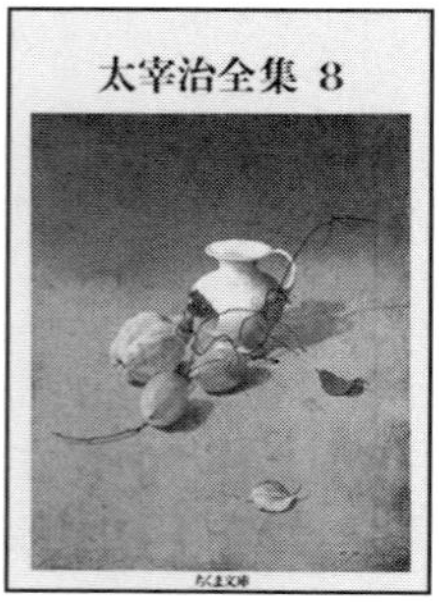

23 トカトントン

最近、学生の皆さんから「自分が本当は何をしたいのかわからない」と聞くことが増えました。「何をしたらいいのか」ではなく、「何をしたいのか」がわからないという点に、問題の本質があります。

「何をしたらいいのか」がわからなければ、本来なら自分は「何をすべきなのか」をよく考え、誰かに相談してみてもよいのですが、周囲の期待も含めて理想化される自己像がうまく描写できないのだという（いくぶんかは社会化された）そのような悩みよりも、そもそも何もしたいことがないのだという根本的な空虚感の方が、より深刻です。若い皆さんでも、あるいはだからこそ、深い「倦怠」にとりつかれることがあるのです。

何をしても空疎で無意味に感じられるため、何事にも真剣に向き合うことができず、やがては自分の人生やそれをとりまく世界そのものがどうでもよいものに思われてきてしまう「倦怠」とは、時代背景も異なる世界各国の文学が、形を変えながらくり返し描きつづけてきた、普遍的な主題のひとつでもあります。倦怠に類する無為や意気阻喪、それにともなうシニシズムやニヒリズムなどを扱わせたら、文学の右に出るものはありません。

「悪いヤツらが侵入するから国境に壁を築け」と大統領が指令した某国の精神

太宰治 著

筑摩書房　1989年　『太宰治全集８』　541頁　ちくま文庫
（ほかに新潮文庫版等もある）

医学であれば、落ち込んでいる者には即座に薬を飲ませて、倦怠に陥るのを物質的に妨げようとするのですが、薬の壁で囲われた中に本来の幸せが見つけられるのかどうか、やたらと銃を振りまわす好戦的な某国人の様子をうかがうだに、ひどく怪しいものです。

そこで、数ある文学的な処方箋の中でも、短くて読みやすい、太宰の短編をお薦めしておきます。雑駁に要約すれば、対象が何であれ、真剣な気持ちになりかけるたびに、なぜか滑稽なトンカチの音が頭の中に響いてきて、それを聞くとたちまち意気阻喪してしまう男の悩みを描いた作品です。トンカチの音は、天皇を絶対視した戦前の思い込みを打ち壊す響きであり、また突然民主主義へと変貌した戦後日本の白々しい復興を表現してもいます。恐らくはニーチェのように、深い倦怠の底から、いいかえれば徹底したニヒリズムからすべてをやり直す必要があるのだと太宰も考えたのでしょう。つまり、すべてが一旦バカらしく感じられてしまう倦怠やニヒリズムこそが、新たな創造の母体なのですから、それは必ずしも悪いものではないのです。

（比較文化学部比較文化学科／城殿智行）

24

あきらめない
働くあなたに贈る真実のメッセージ

女性の社会進出が進んでいるが、上場企業における女性役員の割合は二〇一八年でわずか三・八％という。国家公務員の場合も、局長や部長職では三・九％と、上位職における女性の割合の少なさは民間企業と同じだ。そうした中、厚生労働省の事務方の最高位である事務次官を務めたのが、著者の村木厚子さんである。しかし、本書を女子学生に薦める狙いは、エリート女性のサクセスストーリーを紹介するためではない。本書に表されている村木さんの人柄と歩みは、エリート志向の人間とは正反対だ。ご自身も本書の中で、少女時代は人見知りで、授業中に先生に指されると顔が真っ赤になる目立たない子であったと振り返り、「普通の人のロールモデルになりたい。平凡な自分だからこそ、なれるはず。これが役所で三〇年以上働き続ける中で私が初めて見つけた『私だからこそできる役割』です」と述べている。地方の国立大学出身の平凡な女性が、仕事と子育ての両立に苦労しながら、実直に国家公務員として仕事をしているうちに、次の扉が開き、責任を果たしていると次の扉が開き、最終的には事務次官になっていたという、平凡な女性の非凡なキャリアの話である。

本書のもう一つのテーマは、二〇〇九年、村木さんが局長時代に起こった障害者郵便制度悪用事件である。障害者郵便制度の悪用に関わったと虚偽の疑いをか

村木厚子 著

日経BP社　2011年　268頁

けられ、大阪地検特捜部により逮捕されたが、一貫して無罪を主張し、五か月間の拘留の後に無罪となった事件である。自分の強さを主張することなく、家族の支え、プロの弁護士の助け、友人などの支援者の存在があったから、心が折れず済んだと振り返る。検察の取り調べの強引さ、その方法が不適切であることは明確に指摘しつつ、拘留中の様々なエピソードの中でも、検察に対して「怒り」の感情を表さない。一方、女性刑務官の仕事の大変さ、気配り、言葉かけなどに対しては、プロとして尊敬の目を向けているところが村木さんらしい。

なお、著者の村木厚子さんは、現在、学校法人大妻学院の理事で、障害者支援をライフワークとされていることもあり、二〇一九年度より大妻女子大学人間関係学部付属、共生社会文化研究所の顧問。これからも私たちに貴重な示唆を与えて下さることだろう。

（人間関係学部人間福祉学科／小川浩）

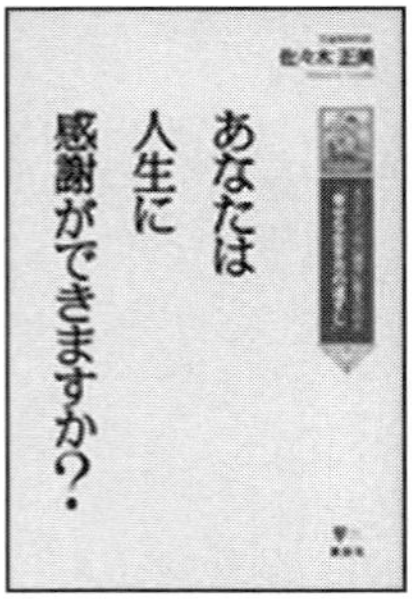

25

あなたは人生に感謝ができますか？

この本の著者の佐々木正美先生は児童精神科医として、これまで多くの子どもたちとその家族と関わっていらっしゃいます。その経験から、たくさんの著書を残されており、代表作である『子どもへのまなざし』（福音館書店、一九九八年）はベストセラーとなっています。講演会も多く行われ、佐々木先生のお話や文章で人生を救われた方もいらっしゃると思います。

この本は、多くの著書の中でも学生の皆さんにも読みやすい文章で書かれています。また、学生の時期だけではなく今後の人生を歩むうえでの「幸せな生き方の道すじ」になる本です。

この本の土台となるのが心理学者のエリクソンの提唱した「ライフサイクル・モデル」です。エリクソンは人の人生を八つの期に分けて考えました。八つの期とは、乳児期・幼児期・児童期・学童期・思春期・青年期・成人期・壮年期です。生まれてから亡くなるまで、その期ごとに重要なテーマをたどり、「人生への感謝」を考えていきます。

自分が生まれたときのことや小学校・中学校のときのことを思い出し振り返りながら読み進められます。また、これからの人生にどのようなことが必要かも理解することができます。誰もが幸せな人生を歩みたいと考えていると思いますが、

佐々木正美 著

講談社　2012年　253頁　こころライブラリー

幸せな人生とは何かを考えると、そこには様々な意味があると思います。人生全てを順調に何事も辛いことや悲しいことなく歩める人は一人もいません。辛いことや悲しいことがあったとしても、振り返ったときに人生に感謝できるかということがとても大切であると思います。

過去に辛いことや悲しいことがあった場合、これまでの人生を振り返ることが怖くなったり辛くなったりすることもあるかもしれません。また、この本を読んで自分はこうではなかったと思うかもしれません。佐々木先生自身も本の中で、「最初はエリクソンの理論を実感できなかった」と述べられています。後になって、その意味や大切さを知ったということも書かれています。さらに、すぐに実感できなくても頭に残しておくことで、いつかこの本が読者の人生の糧になると考えられているのです。

学生生活は八つの期の真ん中に当てはまります。学生時代にこれまでとこれからを考えることは、幸せな人生を歩むうえでとても大切であると考えます。

（人間関係学部人間福祉学科／山本真知子）

26

ぼくを探しに

三〇年以上前に刊行された古い絵本ですが、今でも様々な年代の人々に読み継がれています。自分も、子どもに読んであげるつもりで購入しましたが、幼すぎたわが子には親が思うほど関心は持ってもらえませんでした。

この本の絵はサインペンで描いたような、ケーキの一ピースが欠けたような形の「ぼく」がころころ転がりながらぴったりの一ピースを探すという物語です。

何かが足りない
それでぼくは楽しくない
足りないかけらを探しにいく
ぼくはかけらを探している、足りないかけらを探している
ラッタッタ　さあいくぞ、足りないかけらを……

道中、ミミズと話をしたり、花の匂いをかいだり、楽しみながら野を越え、海を越え進み、自分のかけらにぴったりとあうものを探すのですが、見つけたものは小さすぎたり、大きすぎたりとなかなか合いません。ぴったりあったものも見つけるのですが、しっかりはめていなかったので落としてしまったり、くわえす

シェル・シルヴァスタイン 著　倉橋由美子 訳

講談社　1979年　105頁　新装版

ぎて壊れてしまったりします。そうこうしている内に、とうとう、ぴったりのかけらに出会います。「はまったぞ　ぴったりだ　やった！　ばんざい！」ところが……という内容です。

この絵本は、読む人の年齢や環境によっていろいろな受け取り方ができるのがその面白さです。青年期にある人にとって一度は迷う自分と言うものへの道標《みちしるべ》となってくれるものではないかと思います。

人生は自分の思うように進むものではなく、うまくいくときもあればそうでないときもあります。それでも進まなければならないとき、うまく転がることができないとき、がむしゃらに進むのではなく、時に立ち止まり花の匂いを嗅いだり、歌を歌ったりして人生を楽しむ心を持つ。ことばの少ないシンプルな文章とシンプルな絵の中に哲学的な要素が含まれており、この絵本を読み終えたとき、欠けている自分でも大丈夫なのだと思う安心感とそういう自分を好きになることができると思います。人間は足りないことが自分にあるから、それを補おうと努力をすることで前に進むことができるのではないでしょうか。そんなことを教えてくれている本だと思います。

（人間関係学部人間福祉学科／佐藤富士子）

27

アルケミスト
夢を旅した少年

読み返そうと本棚を眺めたのですが見当たらず、市の図書館に足を運びました。借りてきた本の状態から、何人ものひとが手に取り、読み継がれてきたことが伝わってきました。

この本は一九八八年に発行された古い本です。あらすじは、羊飼いの少年サンチャゴがアフリカからエジプトに向けて、子供だった時の宝物を得るという夢を信じ、叶えるために砂漠を越えピラミッドを目指し宝探しに旅立ちます。旅の途中で様々な出来事があり、いろいろな人と出会い、壁を乗り越えエジプトに到着します。宝を追いかけてエジプトまで来るのですが、宝はエジプトにはなく彼が旅を始めた街にあったことに気づくというものです。つまり、大切なものはそばにあったが気づかず、冒険をして戻ると身近にあったことに気がつくという構造になっています。

私たちは子どもの頃「宇宙に行きたい」とか「小説家になりたい」など、大きな夢を持ちます。でも成長するにつれ純粋に志していた夢は、いつの間にか後回しにしたり、「自分には才能がないから無理だ」とか、周囲にどう思われるかと言う評価を気にかけ、夢に向かって努力することよりも現在の安定した生活を優先することに気が変わってしまいます。

パウロ・コエーリョ 著　山川紘矢・山川亜希子 訳

角川書店　1997年　199頁　角川文庫

本の序盤に少年と老人（実はセイラムの王様）とのやり取りでこんな文章があります。

「自分の運命を実現することは、人間の唯一の責任なのだ」

「お前が何かを望めば宇宙のすべてが協力して、それを実現するために助けてくれるよ」

そのほかにもこの本には大切にしたい素敵な名言があふれています。たとえば、「傷つくのを恐れることは、実際に傷つくよりもつらいものだと、お前の心に言ってやるのが良い。夢を追求しているときは、心は決して傷つかない」とか。

この本は、「自分の心の声に耳を傾け、夢を追い続けよう」という呼び掛けであり、「全力で夢を追いかける者には運が必ず味方をしてくれる」と読者に伝えています。

（人間関係学部人間福祉学科／佐藤富士子）

28

銀のアンカー

毎年、春休みになると、日本全国の大学三年生たちはそわそわし始める。「いよいよ、就職活動をしなければならないけれど、何をしたら良いのだろう？」、「働くとは何だろう？」、「自分の長所や短所は何だろう？」、「自分に向いている仕事は何だろう？」。

これらの悩みが頭の中を埋め尽くし、学内外の就活イベントに顔を出し、内定を取るために奔走する。もはや日本の大学の風物詩と言っても良いかもしれない。近年は、大学一年生や二年生からインターンシップが推奨され、大学入学当初から就職について考える機会が増えているため、大学一、二年生でも卒業後の進路について悩んでいる人が多いのではないだろうか。もしかしたら、情報や大人から言われることが多すぎて、疲れてしまっているのではないだろうか。そんな皆さんに、まずはこの本をオススメしたい。

本書は十年以上前の就活マンガである。しかし、書いてある内容は今もなお色褪せることはない。そして、就活だけでなく、大学生活をどう過ごすのかについて大きなヒントをくれる。また、本書の最後の方に掲載されている、就活に関する記事も忘れずに読んで欲しい。こちらも大いに役立つはずだ。もちろん、マンガであり、多少の誇張は見られるけれど、マンガであるからこそ、読みやすく、

三田紀房・関達也 著

集英社　全８巻　2007～2009年

心に残る、そんな本である。

主人公である白川義彦は就活を始めたばかりの大学三年生にこう言い放つ。「なぜもっと早く準備しておかないのですか。社会に出る第一歩、これがいかに大切か、なぜもっと真剣に考えないのですか」。これはとても厳しいが、大切な一言である。しかし、残念ながら大学でここまではっきりと皆さんに伝えてくれる人は少ない。なぜなら、大学の教員はある研究の一分野においての専門家であるが、それ以外は専門ではないからである。そして、正直なところ、就活がどんなものかわかっていない。だから、皆さんは自分で動くしかない。

ぜひ、この本を読んで、自分の大学生活を見直してみて欲しい。アルバイト、部活、サークル、ボランティア、大学の授業、いろいろなことにチャレンジしていると思うけれど、それは、本当にあなたのやりたいことだろうか？　真剣に取り組めているだろうか？　本書は、皆さんが持っているであろう漠然とした不安を払しょくし、皆さんの背中を押す一冊になると、確信している。

（人間関係学部人間関係学科社会・臨床心理学専攻／本田周二）

29

夢をかなえるゾウ

本書は、実写ドラマ化されているので、タイトルだけでも見聞きしたことがある人もいるかもしれません。本書の大半は会話形式の上、一話完結型で読みやすく、オモシロ可笑しく話しが展開されるため、四〇〇頁近いですが一気に読み進められるという点でもお薦めの一冊です。

主人公は社会人三年目のサラリーマンです。日々の仕事や生活に漠然とした不安やあせりを感じていたある日、人生の成功者と呼ばれる人達が集うパーティに紛れ込んで、圧倒的な経済格差を感じたことで、自分の人生について猛省するところから話が始まります。このあたりで、「人生の成功者って何？」、「経済格差って何？」と疑問を抱くかと思いますが、それ以上に人間の体にゾウの鼻、四本の腕を持つ、ヒンドゥー教のガネーシャという神様が現れ、主人公に対してダメ出しをしていく展開に唖然としてしまいます。さらに、その神様はなぜか関西弁で、近所の世話焼きおばさんが突然訳も分からないことを言ってくるような錯覚に囚われたかのように話が進んでいきます。実際に読んでもらいたいので、内容の紹介はここまでとします。

人は誰しも人生の節目にあたって、自らが設定したビジョンや目標に向けて、具体的に計画を立てて行動すると思います。大学一年生の段階で、目標が明確で

水野敬也 著

飛鳥新社　2007年　357頁

あれば、すぐに実行してみてください。試行錯誤しながら自分の目標に向かえばいいと思います。大学四年間はあっという間に過ぎていきます。有意義に学生生活を過ごし、自分の目標に少しでも早く到達するためには、具体的にどのように行動すべきかを考えることが必要です。様々な視点で書かれた数多くの図書が出版されているので、大学四年間でそれらの図書を参考にしながら実践してみるのも良いでしょう。本書では、もう少し肩の力を抜いて、誰でもすぐに実行できる方法が紹介されています。一風変わってはいるけれど、とても興味深い示唆が隠されており、秀逸です。まずは手に取ってみてください。

（人間関係学部人間福祉学科／金美辰）

30

図解でわかる スタンフォードの 自分を変える教室

『夢をかなえるゾウ』を読んでみて、自己啓発に興味が湧いてきたけれど、もう少し具体的な自己改革の方法論や施策を知りたいと考えている人に、世の中にあまたあるマニュアル本の中から推薦したい図書です。

本書では、自分を変えるための施策の一つとして、「意志力を鍛える」ことを中心に解説しています。自分の将来像に関する身近な内容を題材に、失敗を誘発する自分の意志力の弱さを克服するための手順を以下三つのステップに分けて、図解形式で解説しています。

①自己分析

まずは、現在の自分はどのような状態、もしくはどういった考えでいるのか分析します。

②実験（課題への気づき）

実践を通して自分が立てた仮説が正しいかを検証することで、さらなる気づきや課題を見出すことができます。

③理解（まとめ、振り返り）

検証した結果を整理（実際にノートに書いてみる）しながら、改善点を明確にして日々の生活の中で実践します。

ケリー・マクゴニガル 監修　神崎朗子 訳

大和書房　2014年　127頁

本書の特長は、じっくり椅子に座って読むというよりも、とりあえず試してみるという形式です。一章ごとに区切って、実践形式の授業を受けるように読み進めることができます。

内容を理解するだけなら、一二〇頁程度の図解なので、それほど時間をかけずに読めます。しかし、真剣に取り組もうとすると、自分でノートやホワイトボード等に実際に書き出しながら自分なりの理解やまとめを体系的に導き出す行動力が求められます。作者の意図・目的はそこにあるのではないかと推察できます。

本書の作者はスタンフォード大学の心理学者で、教鞭を取っている生涯学習プログラム「意志力の科学」の講座をもとに作成されたものです。意志力を構成する三つの力、「やる力」、「やらない力」、「望む力」を鍛えるための方法論を講義形式で紹介する構成になっています。本書を導入編として、さらに興味のある方は、作者の関連図書『スタンフォードの自分を変える教室シリーズ』を読み進めてみてください。

（人間関係学部人間福祉学科／金美辰）

V

ことばのもつ不思議な力

31

ことばのかたち

「もしも　話すことばが　目に見えたら」　そんなひとつの疑問から、この絵本は始まります。ことばのひとつひとつが目に見えたら、それはどんな姿をしているのでしょう。色は何色でしょうか。もしも私たちの周りを取り巻いているとすれば、世界はいったいどんな風に見えるのでしょう。

私自身、こうしたことをちょこちょこ思い浮かべるくせがあったので、この絵本を見つけたとき、昔からの友人に会えたような嬉しさと安堵感がありました。こうした感覚に馴染みのある方は、みなさんの中にもいるだろうと想像します。話しことばと同様、目に見えない《心》を扱う心理学では、こうした想像力がものを言う場面が数多くあります。

心の専門家としてひととお会いするとき、お互いの話しことばの感触を、その場で丁寧に確かめている瞬間があります。さっきまで見ていた夢が目覚めたとたんにすーっと色あせていくように、話しことばも本来消えゆくものですが、筆者は職業柄、それらをできるだけ心に留めて、味わう努力をしているようです。そうすることで、お互いの心模様が浮かび上がることがよくあります。文字に残す場合もありますが、話しことばの風合いや立体的な実態そのままを〝文字〟で記すことにはどうしても限界があるものです。みなさんもＳＮＳ等の文字のやりと

おーなり由子 著

講談社　2013年　48頁

りを通じて、伝達の限界を感じたことはないでしょうか。むしろ《絵》や《色》などのイメージで記すほうが実態に沿っており、心の表現としてずっと的確ということがあります。考えてみるとこれは実に不思議なことです。

この絵本のすごいところは、こうした世界観をまるごと《かたち》にし、体験させてくれるところでしょう。交わされたことばのかたちや感触を追いかけていくと、「自分のことばはトゲトゲで……これでは相手はキャッチしにくいかな」と気付くことや、相手のことばの色や質感によって大いに励まされることもあります。そもそも日本語には「黄色い声」といった言い回しがあるように、目には見えないこうした言葉のかたちに、私たちは思いのほか馴染んでいる側面があるようで、なかなか興味深いことです。

ところでこの絵本には、「だまっている」ということばが出てきます。忘れてはいけない、大切なことばの一つです。どんな心のかたちでしょうか。よかったら絵本を開いて、探してみてください。

（人間関係学部人間関係学科社会・臨床心理学専攻／香月菜々子）

32 英語の冒険

入試面接で「本学の第二外国語のラインナップに、新たな言語を加えるとしたら？」と訊いてみました。すると、何人かが「第二外国語よりも、イギリス英語とアメリカ英語の違いを教えてくれる科目を」と希望したのです。その違いとは何かを尋ねると「発音の違い」といいます。この回答の最大の問題点は、多言語の習得を退けたことなのですが、英語学習法としても得策ではありませんし（ネイティブ並みの発音より、リズムやアクセントが大事）、英語に対する理解にも難があります（英米の英語の本質的な違いは語彙です）。

いまのコメントが腑に落ちない方は、本書を読んでみるとよいのでは？　イギリスで放映されたＴＶドキュメンタリーの書籍版で、「英語」を主人公にした成長物語であり、同時に、しぶといサバイバル物語でもあります。実際、バイキング諸部族による侵略と占領のせいで、英語は中世までに本来の語彙の八割以上を失い、古北欧語や大量のフランス語を受け入れたのでした。

公用語に復帰してからも英語の多国籍化は止まらず、とうとう語彙の八割が外来語となります（全語彙の五割を占めるフランス語をはじめ、ラテン語・ギリシャ語など）。しかし、おかげで英語は膨大な数の「ほぼ同義語」と、豊かなニュアンスを手に入れました。英語の文法が単純なこと、それにひきかえ綴りと発音

メルヴィン・ブラッグ 著　三川基好 訳

講談社　2008年　489頁　講談社学術文庫（ほかに成美堂版がある）

の関係が一定しないこと、イギリスでは方言の差が大きいこと、これらも歴史に理由があります。

近代になると、植民地化の先兵として英語はオーストラリア、カリブ海諸島、インドなど世界各地に乗り込み、独自の進化を遂げます。北アメリカでは、先住民族の言語をいくつも根絶やしにする一方、西部の風土やアフリカ系住民に由来する語彙・語法、大衆文化の新語を数多く生み出します。本家イギリスにも逆輸入されました。

英語が世界共通語となり、それにふさわしい多様性を見せている現在、つねに「正しい」英語にこだわる必要はない。著者はそういいます。一八世紀イギリスで行われた「正しい英語」「適切な発音」運動の核心に、上流階級の人々の差別意識があったこと、それが海を越え、一九世紀インドで「権威の言葉」「出世のための言葉」としての英語学習につながったことも指摘されています。私たちが英語を学ぶ動機付けは何なのか、それを広い視野で捉え直すのに役立つでしょう。

（比較文化学部比較文化学科／米塚真治）

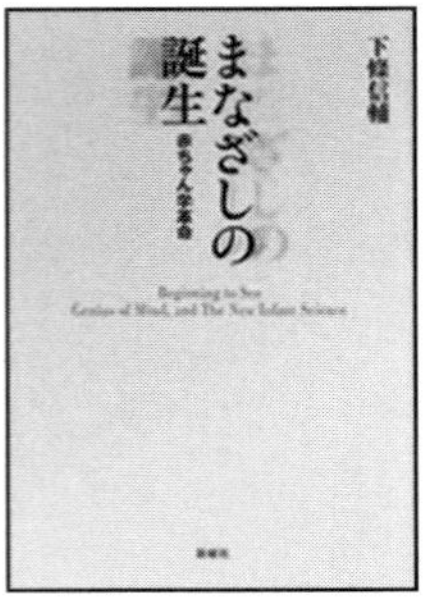

33

まなざしの誕生

赤ちゃん学革命

つくづく、この御方は天才である。この「まなざしの誕生」は、――今から三〇年前当時の、という注意書きをつけなければならないのが口惜しいが――赤ちゃん学の最新のレビュー、かつ心理学の入門書、かつ赤ちゃんとのコミュニケーションを考えたい人へのメッセージ、が実に見事に織り込まれた本である。

一般的に、科学的読み物の価値は、流れた月日とともに、最新の情報が最新でなくなるにつれて、その価値を落としていってしまうものである。しかしながら、「まなざしの誕生」は上梓から三〇年もの月日が経ってなお、その論考の力強さを衰えさせていない。今回、本書の執筆にあたり再度読み返してみたのだが、新たな発見がいくつもあった。やはり、名著である。私なりに感じた理由を紹介しながら、推薦文をまとめてみたい。

まず、この本の最大の魅力は、心理学者・下條信輔の謎解きに満ち溢れている点である。一〇章にわたって、赤ちゃんの知覚、社会性、記憶、教育、知能などにまつわるさまざまな問いが投げかけられる。赤ちゃんはさかさの世界に住んでいる？　赤ちゃんに「心」はあるか？　ＩＱ二〇〇の赤ちゃん？　などなど。その問い自体、赤ちゃんにこれまであまり触れてこなかった人にとっては新鮮であるに違いない。そして、それらの問いかけに呼応して紹介される豊富な研究知見

下條信輔 著

新曜社　2006年　xiii, 357, 5頁

も面白い。何より、それらから導かれる論考に読み手はうならずにはいられないだろう。おそらくそれは、当時の学問的な流行だけに走った議論ではなく、赤ちゃんという存在を真っ向からとらえようとした、本質に迫る議論をしているからなのではないかと思われる。著者の鋭いまなざしにうなりながら、思考をなぞり、論考の楽しさを感じていただきたい。

もう一つの魅力は、人の育ちに対する畏敬の念が貫かれている点である。科学的に評価できることの限界を鋭く指摘しつつ、さまざまな育児情報にとまどう大人にやさしく寄り添う。育児指南書ではない、と書かれているものの、赤ちゃんに接する大人の大切さを説き、赤ちゃんとのコミュニケーションの面白さと、育てる人の自信を取り戻すような科学者からのメッセージが込められている。

したがって、本書には少なくとも二度の読みどきがある。一度目は学生のとき、二度目は赤ちゃんを育てる立場になるとき、である。ぜひ、著者の鋭く、やさしい「まなざし」に触れてほしい。

（社会情報学部情報デザイン専攻／宮﨑美智子）

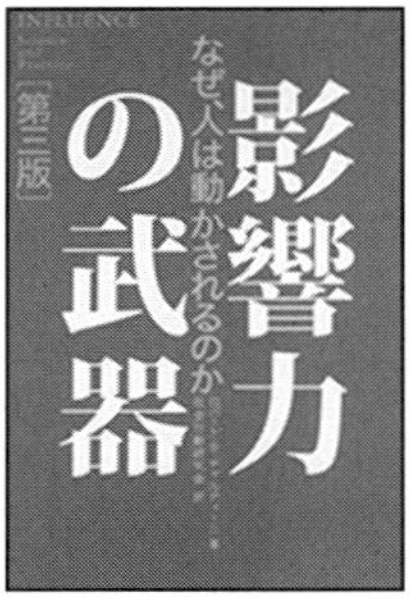

34

影響力の武器

なぜ、人は動かされるのか

私たちは、とても簡単に、そして意識することなく、人から説得され、影響されてしまう。例えば、限定品。「限定○○個」とか、「残りあと○○個」と言われるとつい買いたくなってしまうことはないだろうか。例えば、行列のできるお店。大勢の人が並んでいるとつい自分も並びたくなってしまう経験はないだろうか。実はこれ、心理学の一領域である社会心理学の知識で説明することができる。

本書は、社会心理学の専門書である。しかし、ビジネス書として紹介されることの多い、少し異質な専門書である。なぜなら、本書には、周りの人に対して影響を及ぼしたり、周りの人を説得しやすくするためのヒントがちりばめられている。これは販売員などの仕事をしている人にとってはとても魅力的だろう。そして、何より読みやすく、専門家でなくてもスラスラと内容を理解できるのが良い。

本書では、多くの心理学研究によって実証されてきた、人に影響力を及ぼす様々な原理のうち、「返報性（親切にされるとお返しをしたくなる）」「一貫性（一貫した行動をとり続ける）」「社会的証明（他の人たちの行動を見て、物事を判断しやすい）」「好意（好意を感じている相手の言うことを聞きたくなる）」「権威（権威のある人に従いやすい）」「希少性（手に入りづらいものほど価値があると感じやすい）」という六つの原理について事例をもとにわかりやすく説明している。

ロバート・B・チャルディーニ 著　社会行動研究会 訳

誠信書房　2014年　xv, 476頁

冒頭の一つ目の例は、「希少性」の原理、二つ目の例は、「社会的証明」の原理によるものである。

では、なぜこれを大学生の皆さんにオススメするのか。もちろん、人を説得するための知識として活用してもらうこともできる。試験前に友だちからノートを借りたい、親からお小遣いを前借したい、バイトのシフトを代わってもらいたい、そんなとき、本書の知識が役に立つかもしれない。しかし、もっと大切なのは、これらの知識を学ぶことで、人の心の働きを知り、簡単に人から説得されないようになってもらいたいと教員として願っているからである。本書の知識があれば、相手が意識的、無意識的にこちらを説得しようと働きかけてきた時に、対処することができる。これは皆さんの社会で生きる力の支えになるだろう。そして、本書を通して、学問と日常生活にはつながりがあることを理解してもらえることを期待している。

（人間関係学部人間関係学科社会・臨床心理学専攻／本田周二）

35

世界の終りと ハードボイルド・ ワンダーランド

私がこの本を読んだのは、私自身も大学生のときだった。私は大学生になってはじめて村上春樹の本に出会い（村上春樹という名前はずっと前から知っていたのだが、勝手に難しい本だと思って敬遠していた）、一冊読んだ後にズブズブとはまって、次から次へと村上春樹の本を読破していった。この本は、私の中では村上春樹の本のなかのベストである。

この小説は、「世界の終り」と「ハードボイルド・ワンダーランド」という、二つの一見別々の物語が、一章ずつ交互に出てくる形をとっている。「ハードボイルド・ワンダーランド」では、主人公の「私」が、ある老人にある仕事を依頼されることから話が始まる。この世界は、（もちろん架空の世界ではあるけれど）都会が舞台となる現実の世界である。一方、「世界の終り」では、主人公の「僕」が、ある不思議な世界にやってきて――その世界は高い壁に囲まれていて、門から外に出ることができない――、そこの図書館で、動物の頭蓋骨から「古い夢」を読む、という仕事をするようにいいつけられるところから話が始まる。この世界は、金色の毛皮の獣が住む、自然の美しい架空の世界である。この二つの異なる世界の物語が交互に進行していくのだが、物語が進むにしたがって、次第にこの二つの世界が実はリンクしあっていることが明らかになっていく。物語のラスト

村上春樹 著

新潮社　2010年　上・471頁＋下・410頁　新潮文庫

に向けて、二つの物語が同時進行しながら一致する地点に導かれていく、というのがおおまかなストーリーの流れになる。

この本のあらすじを書いても、おそらく読者にはその魅力がうまく伝わらないと思うが、村上春樹の本の一番の魅力は、読者を一気に彼特有の世界にトリップさせてしまう、というところにあると思う。その独特の世界観に浸るためには、実際に本を開いて文章を読んでもらうしかない。

私が大学時代に村上春樹の本にハマったのは、何といっても、今のこの現実とは違う世界にどっぷりハマりたいという欲求を、彼の本が満たしてくれたからだと思う。大学時代、それなりに大変なこともたくさんあり、「ここではないどこか」に逃避して心の安寧をはかりたい、という気持ちがあった。この本はそうした気持ちも満たしてくれるうえに、物語としてドキドキハラハラの展開まで楽しめる。大学時代という大変なときを乗り越えるために、ぜひお勧めしたい一冊である。

（人間関係学部人間関係学科社会学専攻／牛山美穂）

36

モ　モ

『モモ』はひとことで言うと、不思議な物語です。主人公のモモがどこから来たのか、そしていつの時代のどこの国の出来事なのか、手がかりがなく、全くわかりません。それでいて、どこかで彼らに会ったことがあるような、なぜだか親近感が湧いてきます。

物語が進むと、今度はモモの周辺で起こっている出来事が、実は私たちの周辺で今まさに起きているような、あるいは私たちの近未来のように思えてきます。……謎の《灰色の男たち》は、あるときモモたちが住む町にやってきて、人々の時間を巧みに盗み続けます。

「盗むのはお金ではないので、大して害はないのでは」と考える人もいるでしょう。しかし、それは本当にそうでしょうか?

そもそも時間とは、いったい何でしょう。私たちはよく「時間が足りない」とか「時間のムダ」などとこぼしていますが、私たちが普段こうも時間に追われているのは、一体なぜなのでしょうか。どうやら「人間が時間を節約すればするほど、生活はやせほそって、なくなってしまう」（九五頁）ようで、人間の心もギスギスしてしまう……《灰色の男たち》は、実は私たちのすぐ傍で活躍しているのかもしれません。

ミヒャエル・エンデ 著　大島かおり 訳

岩波書店　2005年　409頁　岩波少年文庫

こうして『モモ』は単なるお話の枠を飛び超えて、読者をそっと揺さぶり続けます。物語だけに許される《おはなしの力》で、他人事とは思えない、特有のリアリティを私たちに体験させてくれるのです。『モモ』の世界から見えてくるものは、いまを生きる私たちの心の姿であり、生活風景そのものではないでしょうか。

ところで筆者は高校生のころ、読書好きの友人に「小説やファンタジーを読まないなんて人生の半分以上損してる」と言われて、「そんなまさか」と驚いた経験があります。当時はまだ『モモ』のような上質でホンモノの物語があることを、残念ながら知りませんでした。大学の心理学の授業を通じてようやく出会い、さらに社会人になってから気付いたのは、賞味期限が短い《サイエンスの知》とは異なり、《物語の知》はまるで生きもののように心の中に棲《す》みつき、ずっと長持ちするということです。そして読み返すたびに発見があり、読み手自身の心の成長にしたがって味わい深くなります……筆者はかなり出遅れたので、友人の言葉どおりすっかり損をしてしまいました。みなさんにはぜひ、早めのご一読をお勧めします。

（人間関係学部人間関係学科社会・臨床心理学専攻／香月菜々子）

VI

くるしさを生きる

37

数字と踊るエリ
娘の自閉症をこえて

電車に乗っている時に、一人でブツブツと車内放送の真似をしている人を見かけたことがないだろうか。周りから怪訝な視線を向けられても、気にならない様子で広告の文字を追いかけている。あるいは、体を揺らしながら、指を小刻みに動かして数字か文字を空中に書いている。目が合ったように感じても、見ているのはこちらの瞳ではなく、顔の黒子を数えていたり、メガネのフレームの曲線に見とれていたりする。自閉症のことを知らなければ、「奇妙」な振る舞いや、場にそぐわない表情や態度に映るだろう。その不思議さ、違和感から、さりげなく距離をとる人もいるかもしれない。けれども、こうした特徴を持つ人の多くは、自閉症スペクトラム症という障害を持っているのだ。生まれながらの脳の器質的な特徴によって、強いこだわりがあったり、他とは違う回路で思考したり、暑さ、寒さ、痛さなどの感じ方が異なることがある。そんな不思議な世界が自閉症スペクトラム症だ。

『数字と踊るエリ——娘の自閉症をこえて』は、臨床心理士である矢幡洋氏が綴った子育ての記録である。自閉症の娘の育児疲れで病に倒れた妻の分まで奮闘する父親。自閉症の診断を受けた時から始まった壮絶な日々が、読みやすい言葉で記述されている。不安にさいなまれ、暗中模索する父親の視点と、冷静に観察

矢幡洋 著

講談社　2011年　287頁

し分析する臨床心理士の視点がミックスされていることが本書の特徴である。エリさんの行動が目に浮かぶような記述。自閉症の特性と関連させての解釈。一喜一憂する親の感情。常に「大変なのはエリだ」と言う深い愛情。私は大学で障害者福祉を専門にしているが、どんなに授業を頑張っても、この本が伝える自閉症の特徴、家族が抱える困難、そして親の愛情の強さ、そのリアリティには到底かなわない。

この本を読んで、自閉症に少しでも興味をもって欲しいと思う。「奇妙」で「怖い」と距離をとるのではなく、「不思議」だけれども「面白い」と思って欲しいのだ。そうすれば、何が好きなのだろう、何に集中しているのだろう、何が怖くて、なぜ声を出しているのだろうと、人を見る目が変わり、感情も変化していくのではないかと思う。人間は色々である。その多様性を知り、その理由を知識として身につけることによって、多様性を受け入れる幅が広がってくると思うのだ。

（人間関係学部人間福祉学科／小川浩）

38

目の見えない人は世界をどう見ているのか

大学生だったころ、一度だけ目の見えない人が体感する世界を疑似体験したことがある。授業のグループワークの一環で、確か、目を閉じたまま表参道から渋谷まで電車に乗る、というミッションだった。私が目を閉じる役で、他のメンバーが安全をサポートしてくれた。目を閉じると世界の広がりは一瞬で消え失せ、自分がどこに立っているかわからなくなった。怖くて一歩も動けない。切符を買うことも、ホームに行くことも、車両に乗り降りすることもすべてが怖くて、同伴する友達の腕にしがみつきながらようやくミッションをこなした。あの時の体験では、目の見えないことに対する不自由さと恐怖だけしか感じられなかったが、今思うと、それはとても残念なことだった。目の見えない人が体験する世界の豊かさをちっとも感じることができていなかったのだから。

私の推薦する本は、東京工業大学で美学を専門とする伊藤亜紗先生が書かれた『目の見えない人は世界をどう見ているのか』である。見えない人がどう「見て」いるのか？　と表現するところに著者の鋭い観察眼が垣間見える。見えない人の「見る」って、どんな体験なのだろうか？　著者と見えない人たちの会話の中で紡ぎだされた違いが、空間、感覚、運動、言葉、ユーモアという五つのテーマを通じて次々と明らかにされ、見えない人の「見ている」世界が解きほぐされてい

伊藤亜紗 著

光文社　2015年　216頁　光文社新書

く。

見えない人は、もちろん視覚イメージとして対象を見ているわけではない。足の裏で空間を見たり、耳で部屋の様子を見たり、と、見えている人から見るとななめからの方法で世界を感じ取っている。本書ではそんな世界の体験のあり方が、みずみずしい文体で、しかも客観的なまなざしをもって紹介されているのだ。私たちが持つ共通の身体が、使い方によってこうも変わるのか、と思わずにはいられない。

私たちは日常、人に限らず、他の存在が自分とは異なる体験世界を持っていることに非常に気付きにくい。自分の見えているものは相手にも見えていると思いがちだ。本書は、見える・見えないに限らず、世界をとらえる方法の多様性について、ユーモアを交えながら教えてくれる本だ。他者、子ども、動物、など他の存在が持つ身体に思いを馳せ、想像力を働かせることで、世界をまなざし直すきっかけとなる。「あなたはこの世界をどう体験しているの？」そんな問いかけを持ちながら、読み進めてほしい一冊である。

（社会情報学部情報デザイン専攻／宮﨑美智子）

39

キリンの子
鳥居歌集

「天涯孤独のセーラー服歌人」と呼ばれる鳥居という人の初歌集です。両親の離婚、母親の自死、児童養護施設での虐待、小学校中退、ホームレス生活など、思いつく限り、現代日本で考えられる最も辛い境遇を生きてきた、若き歌人の歌集です。ご本人によればそれまで学校やセーラー服に縁がなかったから、セーラー服を着る「セーラー服歌人」となっているとのことです。

ここではいくつか、比較的希望を感じられるものを紹介しましょう。

「虐げる人がいる家ならいっそ草原へ行こうキリンの背に乗り」

「コロッケがこんがり揚がる夕暮れの母によばれるまでのうた寝」

「おぼろげに祖母のミシンの音を聴きやがて眠りに落ちる雨の日」

どの歌も、「家」に対する切なる気持ちの表明と言っていいでしょう。でも、歌集全体から「家は安らぎの場所ではない」という現実がひしひしと伝わってきます。一見、平和で豊かな私たちの社会の中で、このような現実があることを強く訴えてくる歌です。じつは、私たちはすでに「いつ、自分の生活の根本が失われるかわからない」という不安を抱えながら生きているのではないでしょうか？近いところではＳＮＳの炎上から住所氏名をたくさんの人に晒されるという現実や、有名会社の倒産、年収数十億もの会長の逮捕、そしてもちろん幼子が自分の

鳥居 著

KADOKAWA　2016年　166頁

親に殺される世の中です。

このような不安の中で、私たちがしてはいけないことは、「自分の目の前の現実しか見ない」という視野狭窄を起こすことではないでしょうか？　とかく私たちは不安な時こそ、目をつむってしまいがちです。けれども、不安だからと言って目をつむれば、事態はますます恐ろしい方向に進んでいきます。そして、それは近隣の人の現実に関してもそうです。隣の家で進行しているかもしれない深刻な事態、同じ街中で起こっている不幸な事態に、直接手出しすることは簡単ではないでしょう。けれども、「その現実に気づいている」ということそのものが、私たちを危機から救い、当事者の方には大きな助力となるはずなのです。

この歌集をほんの少しの想像力をもって読むならば、私たちが無視しては過ごせない「リアルな現実」が、すぐそこに横たわっていることを痛感せざるを得ないのです。

学ぶこと、生きることの根源を問われる歌集です。

（人間関係学部人間関係学科社会・臨床心理学専攻／福島哲夫）

40

困ってるひと

この本は、著者である大野更紗さんの闘病エッセイである。闘病、というとても重苦しい響きに聞こえるが、本書は、笑いながら一気に読めてしまうエンタメ系エッセイである。大野さんは、二〇代、大学院生のときに、突然原因不明の難病を発症してしまう。はじめは、その病気がいったい何の病気であるかの診断すらなかなかつかず、いくつもの病院をたらい回しにされる。ようやく病名がついたかと思えば、医療費の補助を受けるための難病医療費等助成制度の申請書作成に四苦八苦し、身体がぼろぼろの状態であるにもかかわらず年末には退院を迫られる（日本の医療事情のもとでは、患者を短期間で退院させるような仕組みになっている）。また病院に戻ってこられたと思えば、今度はお尻が腫れて破裂し、体液が流れ出すため、まともに座ることもできない状態が続く。しかし、そんな状態でも、彼女は同じ病院の男性患者と恋をし、その後、病気を抱えながらも病院を出て一人暮らしを始めてしまう。

大野さんのすごいところは、自分でも「死にたい」と思ったほどのどん底の状態を見事に笑いに昇華し、エンターテインメントとして読めるほどの文章にしているところである。困難なときほど、自分を客観視することは大切なのではないか。とくに、笑いに転化するには、相当に客観視ができなければならないはずだ

大野更紗　著

ポプラ社　2012年　353頁　ポプラ文庫

が、状況が困難であればあるほど、徹底的に自分を客観視することが救いになるのではないか。笑いは、楽しいから生まれるのではなく、辛い状況を何とか乗り越えようとするときに生まれてくる。だから、深刻さと軽薄さは常に紙一重である。この本を読むとそれがとてもよくわかる。

この本を書いた後、大野さんは続編『シャバはつらいよ』（ポプラ社、二〇一四年）を出版するなど、さまざまな著作活動を続け、メディア出演も行った。現在は、ある程度病状も寛解し、大学院に再び入学して、難病について研究を行っている。そんな彼女の姿に、生きるエネルギーをもらう人は多いのではないか。

（人間関係学部人間関係学科社会学専攻／牛山美穂）

41

はじめてのジェンダーと開発

現場の実体験から

この本は、「国際開発とジェンダー」というテーマについて、途上国に対する国際協力の現場で活躍してきた実務者や研究者へのインタビューと彼らと学生との座談会の形式で考えていく本です。

そもそもなぜ「開発とジェンダー」なのでしょうか。「ジェンダー」という言葉は耳にしたことがあるかもしれませんが、改めて意味を尋ねられたらどのように答えますか。「ジェンダー」とは、生物学的な性別ではなく、社会や文化がつくりだす「男はこうあるべき」「女はこうあるべき」とする通念にもとづく男性と女性の固定的な役割分担や規範のことをいいます。

世界を見渡せば、女性の貧困者数は男性よりも多く、非識字人口の約六割は女性と言われています。一方で、女性は様々な仕事に従事しているだけでなく、家庭や地域社会で家事育児や介護などの無償のケア労働を中心的に担っています。

本書では、途上国の現場の豊富なエピソードとともに、貧困、結婚、教育、健康、安全な水へのアクセスなどの様々な課題にジェンダー不平等の問題が深く関わっていることが語られます。また、男女間の役割分担や不平等に注意を払わずに協力が行われたことにより不平等を拡大してしまった事例や、反対に、女性たちが意見を言える環境を作りだすことで、コミュニティ全体の収入や健康状態の

田中由美子・甲斐田きよみ・高松香奈 編

新水社　2017年　164頁

向上につながった事例が描かれています。こうした現場からの報告は、国際協力において女性をエンパワーする（自己決定力を高める）ことの大切さに気付かせてくれます。

開発とジェンダーは何も途上国だけの問題ではありません。日本においても様々なジェンダー差別が存在します。「ジェンダー平等」は、二〇一五年に国連で採択された「持続可能な開発目標（SDGs）」においても、途上国・先進国を問わず実現すべき目標として掲げられています。

本書は、私たちも、まず自分たちの身の回りで、「女性だから・男性だから、こうすべき、こうあるべき」という「あたりまえ」に疑問を持つことから始めることを提案します。そして、性別だけでなく、民族、障害の有無等、様々な差別や排除の構造に気づき、すべての人が自己決定力を持つことができる社会、それこそが「開発」なのではないかと問いかけます。

これからの人生の「主体的に生きる」ためのヒントがたくさん詰まっているこの本を、ぜひ手にとっていただきたいと思います。

（文学部コミュニケーション文化学科／興津妙子）

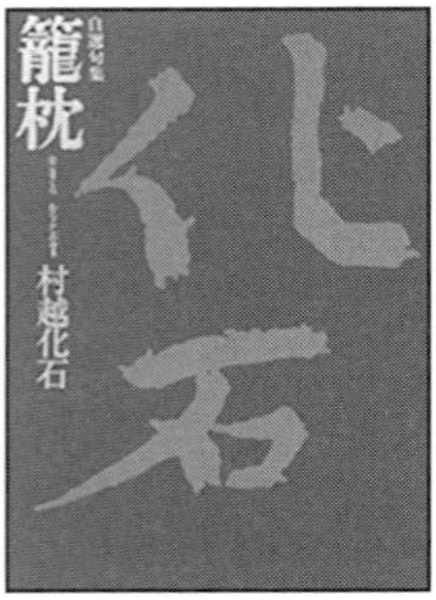

42

籠　枕
自選句集

『籠枕 自選句集』は、村越化石が、昭和二十五年から平成二十二年までに詠み句集九冊に収めた句と、昭和十五年から同二十四年また平成二十二年から同二十四年までに詠み、しかし未だ句集としては纏めていない句のなかから、自ら九百余句を選び、それを一書にしたものである。刊行後約一年して化石は他界しているから、そのほぼ一生が編み込まれた句集といってよいだろう。

ここでは、数ある収録句のなかでも、特に

除夜の湯に肌触れあへり生くるべし*

を薦めたいと思う。一読して冬の銭湯を思うかもしれない。湯表に顔を出す黄柚、湯煙に響く子どものはしゃぎ声が、瞼に浮かぶ人、耳に聞こえる人もいよう。しかし作者の境涯を知って再読すると新たな感慨が疑問とともに生じるに違いない。生の決意は、自分の末路を自覚して？　薬が開発され生を保てるようになって？　にもかかわらず自ら命を絶った療友の躯《むくろ》を前にして？　しかし今一たび向き合うと、まったく別の情景も浮かんでこよう。津波に一人生き残り、「生くるべし」と呟いた人はいなかったであろうか。

化石は「趣味を脱した処の芸術作品として残そうといふ真実を求める人」（「療養生活と文芸」、『高原』昭和二十四年十一月号、十二月号）にならんとしていた

村越化石 著

文學の森　2013年　291頁

ようである。そうした化石と、「病気に甘へた悲劇の押売りはやめて貰いたい。――が然し、病者であれば療養生活を詠ふことはまた当然である。結局は嘘であつては困るのである。甘へ心はすでに嘘を孕んでゐる。嘘と言へぬまでも誇張が入りがちだ」（「選後に」、同昭和二十六年早春号）、「真実にふれたもの――このことは時代を超え、還《ママ》境の相違を超えて人を打つ。癩なる文字が人を打つのではない。人の心が人を打つのである」（「選後に」、同昭和二十六年初冬号）と言って指導にあたった大野林火。この二人の、林火の言を借りれば、「魂と魂のぶつかり合い」が掲句をはじめとする数々の句を――林火没後も――生み出していったといえるだろう。

化石は掲句を初の句集『獨眼』に収め、「除夜だから、明日への希望もまた。私の代表作」と言を添える。希望が詠まれたということは、その反対もあったということである。

今の貴方ではなく、将来苦難のさなかにある時の貴方におくる句である。

＊初出は『高原』昭和二十六年早春号（同年二月発行）においてと考えられる（ただし「あへり」ではなく「合へり」となっている）。そのとき化石二十八歳。

（社会情報学部社会生活情報学専攻／若林佳史）

43

ベル・フックスの「フェミニズム理論」
周辺から中心へ

一九六〇年代の終わりごろから七〇年代にかけて、女性解放運動（ウーマンリブ）がアメリカを起点として広がりました。その運動は「フェミニズム」と呼ばれ、運動に参加した人々は今日まで多くの女性のために社会の変革を進めるよう努めてきました。けれども、ほとんどの女性はフェミニズムにさほど関心をもっていないようにも見えます。フェミニズムは女性たちのことが好きなのに、女性たちはフェミニズムをあまり好きではないようなのです。

なぜフェミニズムは、女性たちへの片思いを続けているのでしょうか？ この疑問に答えたのが、アフリカ系アメリカ人のフェミニスト著述家兼活動家ベル・フックスという女性です。フェミニズムによる女性たちへの片思いの原因を紐解き、この捻じれた関係を解決するべく、フックスは一九八四年に本書を執筆しました。

一九五二年生まれのフックスは、女性解放運動の旋風が吹き荒れた一九六〇年代後半から七〇年代にかけて、白人女性たちとともに高等教育を受けました。教育を受けながら彼女が気づいたのは、支配と抑圧の交錯であり、社会の内部には男性による女性への抑圧以外にも、白人による非白人への人種に基づく差別と抑圧、西洋社会による非西洋社会への差別と抑圧、中産階級による労働者階級への

ベル・フックス 著　野﨑左和・毛塚翠 訳

あけび書房　2017年　237頁

差別と抑圧、といったさまざまな支配と被支配の関係が入り組んでいるということでした。

やがてベル・フックスは、「女性」の中にも多様性があるという考えにたどり着きます。白人女性と黒人女性が直面する困難は異なっているし、中産階級の女性と労働者階級の女性が直面する問題も異なっている――多文化教育の進んだ二一世紀の現在では、このような主張を聞いても当たり前のことと感じるかもしれません。けれども、まだまだ人種差別の色濃く残る一九七〇年代アメリカ社会では、「女性」は一枚岩で同質的な集団だと考えられていて、女性であればみな共通の問題を抱えており、そうであるからには容易に一致団結して、男性による不当な支配と抑圧に立ち向かうことができるはずだ、と考えられていたのです。

本書を通じてフックスは、「女性」の抱える問題を性別以外の様々な問題と節合する視点を発見し、様々な人々が合流できる空間として、フェミニズムを再定義したといえるでしょう。フェミニズムを外部へと開いていく彼女の主張は、次世代のフェミニストたちに引き継がれ、新たな展開を迎えていくことになります。

（文学部コミュニケーション文化学科／田中東子）

文系
大学教育は
仕事の役に
立つのか
Is University Education Useful for Job ?
職業的レリバンスの検討
本田由紀 編
文系の大学教育は「役立っている」のではないか
「役立ちうる」のではないか
どのような「役立ち方」なのか
なぜ「役立たない」と思われているのか

44

文系大学教育は仕事の役に立つのか

職業的レリバンスの検討

文部科学省の『学校基本調査』によると、平成三〇年度の高等教育機関在籍者に占める女子学生の割合は四五・一%であった。だが分野別にみると、文学専攻者に占めるその割合は七〇・八%、社会学は五四・五%、商学・経済学は二九・八%、物理学は一五・四%、機械工学は五・七%、家政学は九〇・四%といったように大きなばらつきがある。

これらのうち文学や社会学といった分野、いわゆる「文系」は、しばしば「それを学んで何になるのか」、「将来の役に立つのか」ということが、普段の会話、就職活動の面接時、メディア上の言論などにおいて言われがちである。

こうした言論については、それらの分野の研究者から、先の見えない不安定なこの世界のなかで新たに価値を創造し、問題を解決していくためにそうした分野での学びは役立つはずだという反論がなされてきた。しかし本書はそれよりも直接的に、どのような学問分野が、就職後のどのような側面でどう役立っているのか、大学生・社会人双方の質問紙およびインタビュー調査から明らかにしようとするものである。

ただ、本書から示されるのは、この学問を学んだからこのような能力が高まる、という単純な知見ではない。もちろん、たとえば哲学を専攻した学生は心理学を

本田由紀 編

ナカニシヤ出版　2018年　iii, 202頁

専攻した学生よりも判断スキルの自己評価が高まる傾向にある、といったような知見はところどころで得られるが、この学問を学んだからこう役に立つという公式が明快に得られるということはない。仕事上のこのような側面において、この学問を学んだことがこの程度現れる、という知見がぽつぽつと得られる、というものである。

なんだそんなものか、と思うかもしれない。しかし、学問というものはむしろそういうものである。丁寧に調査研究を行っていけば、テレビのコメンテーターのように一〇秒程度で世の中をざっくり言いきってしまえるということはほとんどなく、本書のように部分的にわかることを少しずつ積み上げ、考えていくことが基本的なスタイルになる。人間の、世の中の複雑なありようを複雑なままに、しかし論理的にとらえようとすること。本書を読むことで得られるのは、文系で学ぶことの意義についての知見のみならず、人間や世の中について丁寧に考える姿勢がどのようなものかという「学び方」「考え方」についての知見でもある。

（人間関係学部人間関係学科社会学専攻／牧野智和）

45

戦う姫、働く少女

女の子だって仕事を通じて夢に向かい、自己実現したい！　……なんていうことは、こんにちの社会ではとっくに共有されて……どころか、むしろ周囲から推奨される目標となった。けれども、いざ女の子が働くとなると目の前にはたくさんの障壁が現れる。

仕事が楽しい、友達もいっぱい、でもこんな状態でパートナーを探せるの？　いざ結婚はしたけど、おうちのことは誰がやるの？　お掃除は、お片付けは？　次々と襲いかかる抑圧とハラスメントを押しのけ頑張ったけれど、どうしてこれ以上、出世できないんだろう？　「女性は輝け」って言われるけど、結局、国家やグローバル企業に奉仕する「人材」「労働者」として搾取されてしまうだけじゃないの？

『戦う姫、働く少女』のなかで筆者は、こうした問題の根源を「共通文化（コモン・カルチャー）」としての映画やドラマ、アニメや書籍の内容を踏まえて、鮮やかに分析してみせる。イギリスの著述家であるレイモンド・ウィリアムズが述べたこの「共通文化」というのは、「わたしたち社会の構成員が、その創造と受容のプロセスにみなで関わっていると感じられるような文化」のことであるという。つまり、本書で言及されるさまざまな作品群は、わたしたちがその創造と

河野真太郎 著

堀之内出版　2017年　237頁

受容のプロセスに関わっているのであり、わたしたちの社会を読み解くための手がかりを与えてくれる。

本書のなかで筆者が分析する作品には、第二波フェミニズムの達成した女性たちの社会的自立と解放が、一方では女性たちの社会進出を推し進め、「輝かしい」キャリアの形成へと向かわせたにもかかわらず、世紀の変わり目を過ぎた頃から、むしろ女性たちを熾烈な経済至上主義の競争へと駆り立て、「勝ち組」女性と「負け組」女性の間の分断を生み出していくイデオロギーにもなっていく様子が描かれている。同時に、いくつかの作品には分断された女性たちを再び連帯させ、まだ見ぬよりよき未来を予期させる力も秘められているという。

このような文化的な作品の、テーマや社会的意義、言わんとすることを読み解くのは、実はすごく難しい。けれども、これらの作品群に筆者が読み込もうとするテーマにはぶれがないので、本書を丹念に読むことによって、作品を深く読み込み、そのテーマを分析し、自分たちの生きる社会との関係を批判的に考察する力がいつの間にか養われるはずである。

（文学部コミュニケーション文化学科／田中東子）

Ⅶ

「わかる」ということ、デザインすること

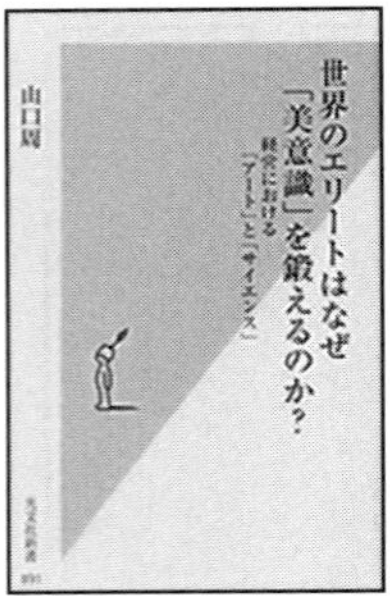

46

世界のエリートはなぜ「美意識」を鍛えるのか？
経営における「アート」と「サイエンス」

私は、時間を見つけては、美術館に名画を見に行きます。大学一年次に受講した「西洋美術史」で、それまで学んだことがなかった絵画の読み取り方を知り、名画の鑑賞を楽しむようになりました。

二〇一八年日本国内で開かれた展覧会のうち、フェルメール展は展覧会という枠を超え、ある種の文化現象といった圧倒的な観客動員数でした。いずれの傑作もそのファッションに目を向けると、フェルメールが生きた約三六〇年前のオランダの風俗を読み取ることができます。「牛乳を注ぐ女」「手紙を書く女」「真珠の首飾りの女」などの名画から、絹の光沢にビロード艶、贅を凝らした装飾品、流行のシルエット、色彩、衣擦れの音が聞こえてきそうな素材の質感など……。

さて、本書では、グローバル企業のエリートたちが「より高品質の意思決定」に必要となる「主観的な内部のモノサシ」を持つために、必死になって美意識の向上に取り組んでいることが紹介されています。

さらに、後半で論じられる「すべてのビジネスはファッションビジネス化する」について要約すると、市場のライフサイクルの変化にともなって、消費者の求めるベネフィット＝便益も変化していく。この便益は市場導入期から成熟期へと至る過程で、機能的便益、情緒的便益、自己実現的便益と変化していくことが知ら

山口周 著

光文社　2017年　257頁　光文社新書

れており、現代社会における消費というのは、最終的に自己実現的消費に行きつく。つまり、すべての消費されるモノやサービスはファッション的側面で競争せざるをえない、経営における「美意識」の側面が重視されつつある、ということです。

世界のエリートなどというと、自分とは関係ないと思われる方もいるでしょう。しかし、世界のエリートに限らず、一般人であっても、美意識を鍛えることは、必要なことです。なぜなら、「美意識に基づいた自己規範」を身につける、「人生を評価する自分なりのモノサシ」を持つということが、人生を歩んでいく中で、とても重要なことだからです。人生の節目で何かを選択する際に何を基準にするのか、優先順位は何か、自分のモノサシを持つこと、そのために今から「美意識」を鍛えることが大切なのです。

では、どうしたら、美意識を鍛えられるのでしょうか。「絵画を見ることによって観察力が向上する」ことがすでに証明されています。皆さんも美術館に出かけてみませんか？

（短期大学部家政科家政専攻／中村邦子）

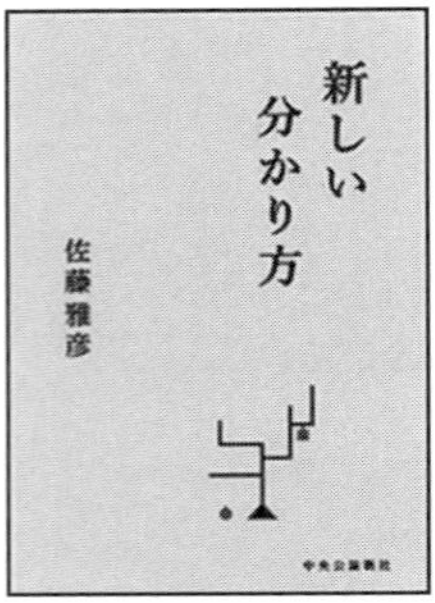

47

新しい分かり方

デザインに正解はないとよく言われるが、よいデザインはどこか「腑に落ちること」が多い。もし「腑に落ちること」がデザインの最良の答えだとすれば、その体験の考察は、よいデザインをするためのヒントになるだろう。その意味で、この本はとてもよくできている。多くの事例がシンプルな図と平易な文章で紹介され、時にはページの一部を「指で押さえてみてください」という指示が出されるといった具合に、文字通り「体験」を通して「分かる」ようにメディア空間としてよくデザインされているからだ。その面白さは、やはり読まないことには「分からない」だろう。

この『新しい分かり方』は、ピタゴラスイッチ、だんご三兄弟、ポリンキー、バザールでござーるなどのテレビ番組やCMのプランナーで、東京藝術大学で教鞭をとる佐藤雅彦氏によって書かれた本、というより、ほとんど絵本である。前半は著者の表現作品からなっており、思わずクスッと笑ってしまう。後半の六篇の随筆は、著者の体験談を交えつつ、前半に掲載された表現作品について、デザイン、情報、数学、脳科学、哲学などの用語を散りばめてしっかり解説されている。

学生に向けて「デザイン分野で、おススメを一冊」ということで、とても悩ん

佐藤雅彦 著

中央公論新社　2017年　265頁

だ。デザインを勉強したことがある人やデザインの仕事をしている人に対してなら、すぐに思いつくのだが、学生に向けてとなると難しい。なぜなら、一般的な「デザイン」のイメージは幅広く人によって違いすぎるためである。グラフィック、ファッション、プロダクト、建築、ランドスケープ、広告、映像、ウェブ、ゲーム、ソフトウェア、コミュニケーションなど、確かにどれもよくデザインされているがあまりに広範にわたる。また、デザインを語る本は、抽象的で難解な表現が多いのも理由だ。

だから、あえて具体的にデザインする前に、デザイン的な思考を学べる本を紹介しようと思った。デザイン的な思考とは、身の回りのモノやコトをいろいろな角度から「理解する（分かる）」ことからはじまり、それをどう「伝える」ことができるか、あれこれ考えることである。そんな視点を学ぶために最初に読む本なら、できるだけ面白い方がよいに決まっている。ただし、この本を読んだからといって、デザインを理解し、デザインができるようになるわけではないので悪しからず。もし、もうすでに目の前の課題で悩んでいるならば、この本から限りなく多くのヒントを得られるはずだ。

（社会情報学部情報デザイン専攻／中野希大）

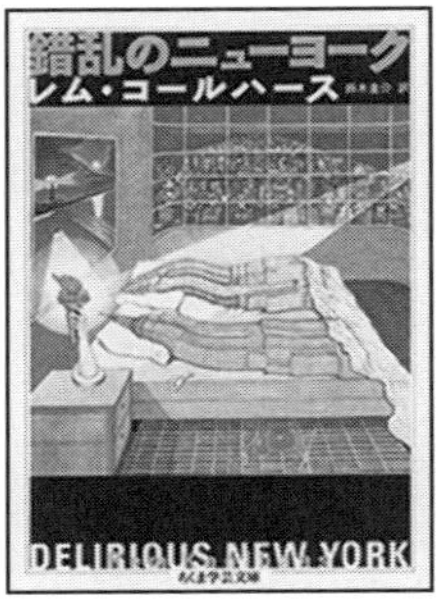

48

錯乱のニューヨーク

タイトルがいいよね。錯乱？　ニューヨーク？　元のタイトルは『Delirious New York』。精神錯乱の意味も、無我夢中、熱狂の意味もあります。どんな話なのか、ちょっと読んでみたくなりませんか。

話は、一九世紀末から二〇世紀初頭にかけてマンハッタン島近郊に建てられた巨大遊園地群から始まります。コニーアイランドの遊園地です。これがのちに形成されるニューヨークの「胎児」となるというのです。あの大都会ニューヨークの出発点が遊園地だなんて。欲望が建築の起点となるというコールハース独自の視点がここで提示されます。

続いて摩天楼、ロックフェラーセンタービル、ラジオシティ・ミュージックホール。ニューヨークとくにマンハッタンの高層建築群がどのように形成されていったか、この都市の誕生・成立・発展の過程そして最後はその可能性と限界を、独特の語り口で縦横に論じています。

マンハッタン・グリッドと名付けられ、格子状に区域を区切って、その区域ごとに空へ空へと縦に伸びていく建築物をそれぞれの格子内に展開していく「マンハッタニズムというプログラム」こそが、ニューヨークという都市を特徴づけているとのこと。

レム・コールハース 著　鈴木圭介 訳

筑摩書房　1999年　556頁　ちくま学芸文庫

ニューヨーク都市史の本としても、アーバンデザインの本としても、建築理論の本としても読める不思議な本です。ただし、とても手強い。例えば、ロックフェラーセンタービルを取り扱った第Ⅲ部の各項のタイトルを取り出してみると、「代理人」「球体1」「理論」「金」「球体2」「氷山」「分裂」「分裂症」「予兆」「山の群れ」「障壁」と続きます。何を書いているか、これだけではさっぱりわかりませんよね。文体も「哲学的」「断片的」で（その意味ではヴィトゲンシュタインに似ているかもしれない）、後を追っかけるのは大変です。

作者のレム・コールハースは著名な建築家です。プラダやコーチのビル、放送センター、美術館、コンサートホール、大使館など、世界中に数多くの建築作品があります。でも、この本は、彼がまだ無名の頃、一九七八年に書かれたものです。建築を志す者にとっては、今や聖典となっているようですが、建築以外の人にもぜひ手に取って欲しい。面白いですよ。

（大妻女子大学学長／伊藤正直）

49

コミュニティデザインの時代
自分たちで「まち」をつくる

自分の暮らしている「まち」について、考えたことはありますか。あなたの「まち」は、居心地のよい環境でしょうか。最近ではまちなかに、ランドリーカフェ、まちづくりカフェなど、変わった××カフェが増えています。身近なところに、日常生活の一部となるようなたまり場があればいいなという気持ちを表現したものかもしれません。

「人と人とのつながりをデザインする（つながりのきっかけをつくり、新たなつながり方をつくる）」ことを「コミュニティデザイン」と定義する著者は、「地域のみんなでまちづくり、こんな面白いこと他にない」と述べています。この本は、著者が関わったまちづくりの現場での手法と実際の様子を紹介し、人と人のつながりが生み出すものの重要さが表現されています。民主主義の根幹である住民参加は、現在、多くのまちづくりで実践されています。しかし、住民一人ひとりの声が、まちづくりに本当に活かされているでしょうか。声の大きい人の意見にかき消されてしまうことはないのでしょうか。あるいは、声を出すのも憚られてしまうこともあるのかもしれません。そんななか、著者は少人数のグループで話し合い、考えること（ワークショップ）からスタートし、多くの住民が当事者として「まち」に関わることをめざします。

山崎亮 著

中央公論新社　2012年　iv, 255頁　中公新書

まちづくりは、「よそ者、若者、ばか者」の意見を受けとめることが大事と言われ、これらの意見を含めて、まちを自分たちの手でつくっていくことが必要です。なかなか踏み出せない参加者に対して、「ひとりでやれること、みんなでやれること、行政との協働でやれること」と、まちづくりで取り組むことを整理しなおすだけで、何ができるのか、だれがやるのか、自分は何をすればいいのかなどが理解され、そのモチベーションが大きく向上します。だからこそ、著者は「(他者が) デザインしない (自分たちで取り組むまちづくりの) デザイン」こそが、よりよい答えを参加者と共に見つけ出す方法だと強調しています。

私たちの日々の暮らしのなかでも、「ひとりでやれること」ばかりではなく、他者との関わりのなかで進めること、あるいは自分たちだけでは解決できないことが多くあります。まちづくりの鍵は、私たち一人ひとりの「(当事者) 意識」にあるといえるでしょう。日常生活において当事者として主体的に行動することが重要であり、主体的に暮らす人々が集まることによって、「まち」の環境をよりよいものにする可能性が生まれるのだと思います。

あなたも、あなたの「まち」の居心地 (のよさ) をつくってみませんか。

(社会情報学部環境情報学専攻／松本暢子)

50

人月の神話

本書に最初に出会ったのは大学の「輪講」であった。本書は、一九六四年に発表されたＩＢＭの大ヒットシリーズである大型コンピュータSystem/360，およびオペレーティングシステムOS/360の開発チームを率いた著者が、開発プロジェクトで発生した問題点を詳細に分析し、ソフトウェア開発にまつわる困難と展望について書かれたものである。System/360の後継機は二〇〇〇年以降System/Zと名前を変えるが今もＩＢＭが開発、販売を行っている。

輪講とは、数人で論文や書籍の内容を発表し議論しあうものである。本書の輪講は、学部三年くらいに五〜六人で先生を交え、学生が事前に読んできた内容を発表する形式で行われた。先生から原著（英語）が渡され、英語が苦手なこともあり大変苦労したが、そこに書かれたさまざまな法則は（当時は、それが意味していることはわからなかったが）、非常に印象深く頭に残り、その後の企業でのソフトウェア開発で大変役に立った。驚くべきことは、その内容の多くが四〇年が過ぎた今でもそのまま通用し、今読んでも古さを感じさせないことである（ここにソフトウェア工学の本質的な課題があるとも言える）。

学生時代、特に印象深かったものに、「おいしい料理には時間がかかるのと同じように、結果が惨憺たるものにならないようにするためには、急がすことので

フレデリック・ブルックス Jr. 著　滝沢徹・牧野祐子・富澤昇 訳

丸善出版　2014年　xx, 328頁

きない仕事もある」、「この完全さは八世代にわたる建築家の自己犠牲によって得られたものである」、「遅れているソフトウェアプロジェクトへの要員追加は、さらにプロジェクトを遅らせるだけだ」がある。最後のものはブルックスの法則と呼ばれ名高い。これは、ソフトウェア開発のスケジュール見積もりにおいて現在も使われている「人月」、すなわち、「人数×月日」という単位（例えば、二人で三か月間で完了する仕事は六人月と計算され、三人で二か月間で終わると換算される）が適用されている問題を指摘し、それは「過去」の神話であるとしている。機械学習による自己生成型のソフトウェアの時代を迎えた今日、今度は、本書がどのように読まれるのかが問われる時代になったのかもしれない。

なお、本書の著者とは縁があり、三五年ぶりの著書『The Design of Design』（邦題『デザインのためのデザイン』小沼千絵と共訳、ピアソン桐原、二〇一〇年）の翻訳を担当するという貴重な機会に恵まれ、メールでやりとりをすることもできた。こちらは要件検討や要件定義を含むデザインプロセスに焦点が当てられている。「素晴らしいデザインは素晴らしいデザイナから生まれる――素晴らしいデザインプロセスからではない」。『デザインのためのデザイン』からの言葉である。

（社会情報学部情報デザイン専攻／松田晃一）

51

痛快！　コンピュータ学

筆者の坂村健はトロン（ＴＲＯＮ）の開発で世界的に有名であり、東京大学大学院情報学環の元教授ですが、悲劇の人でもある。ＴＲＯＮは、コンピュータが動くための最も基本的なソフトウェア（ＯＳ）で、誰でも使用できる使い勝手の良い仕様となっている。そのため、三五年ほど前に政府は全国の小中学校のコンピュータに、ＴＲＯＮを採用することを決定した。しかし、日米の貿易不均衡を理由に米国から横やりが入り、マイクロソフト社のWindowsの採用に政府は転換した。ただし、コンピュータ用ＯＳではWindowsに主役の座を譲っているものの、ＦＡＸ、カーナビなどの情報処理機器では、三分の二がＴＲＯＮを採用しており、採用している機器数ではＴＲＯＮが世界一であると思う。

前置きが長くなったが、本書は全一〇章で構成されており、最初の三章までで、「コンピュータとは」、「情報とは」と、最初のコンピュータの開発経緯が詳細に書かれている。次の四章以降ではソフトウェアとしてプログラミング言語とＯＳの歴史と、ワンチップマイコン（ＭＰＵ）の進展経緯が記述されている。第八章ではもう一つの驚異的に発展した技術であるインターネットに関して、最初のＡＲＰＡネットの進展経緯が当時の米ソの冷戦を背景に書かれている。第九章ではセキュリティについて述べられており、最後の章では、コンピュータの今後につ

坂村健 著

集英社　2002年　382頁　集英社文庫

いての私案が説明されている。

全編にわたり、なぜマイクロソフト社、アップル社が世界最大の企業となったかが分かるようなエピソードが多数挿入されており、興味深く読み進められる。私が担当している学部共通科目「ソフトウェア概論」でも、このようなエピソードは取り上げているが、日本人の嶋正利が最初のＭＰＵの開発に寄与したことは知らなかった。また、コンピュータの巨人と言われたＩＢＭ社の栄枯盛衰の歴史も興味深く記述されている。

また、専門書のように数式で記述されるのではなく、全章にわたり、平易な文体で記述されて、寝転んでも読み進められるように工夫されている。また、章内の項目名に、疑問形が多数使用されており、早く先を読みたい衝動に駆られる。さらに本文中で記述されているキーワード（アンダーラインの付与）に関しては、巻末にその解説があり親切な構成である。

以上のように、コンピュータを勉強しようとする学生には、コンピュータの基礎（ビットとバイト、ブール代数など）と最初のコンピュータＥＮＩＡＣからの進化過程とその関連項目が詳細に記述されており、一度は目を通してもらいたい。

（社会情報学部情報デザイン専攻／田丸直幸）

52

ミナを着て旅に出よう

著者である皆川明氏（一九六七年〜）は、日本のファッションデザイナー。オリジナル生地から服を作り上げる独自のブランド「ミナ・ペルホネン」を設立。自らが生地産地へ足を運ぶことから始まるオリジナルデザインのテキスタイルによる唯一無二の服づくりが、国内外で高く評価されている。

著者は、ブランド誕生までの軌跡と自身のものづくりへの真摯な姿勢を端正な言葉で丁寧に一つひとつ振り返っている。例えば、氏の中学校、高等学校時代は陸上（長距離走の選手だった）に夢中だったこと、その経験から新たな展望を迎えたことなども細かに記されている。各章ごとに皆川氏のものづくりに対する姿勢や見方、仕事のスタイルは、ファンだけでなく、多くの人にとっても示唆に富んだ内容である。本学で、これから学ぼうとする皆さんには、ぜひとも読んでほしい一冊である。語り口調が優しくて、読みやすいことも本書の特徴といえる。

また、皆川氏は本書の最後で「服に限らず、モノの形は人の考えや通ってきた時間の表れだと思います。だから僕の頭に浮かびくる形は、今まで僕が体験した人生の形なんだと思います。これからの時間も僕は服を作っていきたいし、服の形や表現を通して自分自身を見つめていきたい。ペルホネン（蝶々）の羽根のように、沢山の形やファブリックを作っていきたいと願っています。そして、私の

皆川明 著

文藝春秋　2014年　186頁　文春文庫

この本を読んでくださった皆さんに、これから沢山の出会いと沢山の印象的な時間がありますことを願っています」と結んでいる。

私たちが、服づくりの際にどの生地に惹かれるかは人それぞれであるが、あるものに惹かれた瞬間、その人の心の中できっとなにか弾ける光景や音があって、それが合致した瞬間にその服を身につけたいという気持ちに駆られる。本書は、そんな服を届けるミナ・ペルホネンのデザイナー皆川氏が、ブランド誕生までの軌跡と、ご自身の「ものづくり」への真摯な姿勢を端正な言葉で、私たちに語りかけてくれる小さな宝物のような一冊といえる。

本書を読むことは、日々のくらしの中から生まれる独創的なデザインがどこから来るのかを知る旅に出るようなものという感覚に一番近いといえましょう。

（家政学部被服学科／阿部栄子）

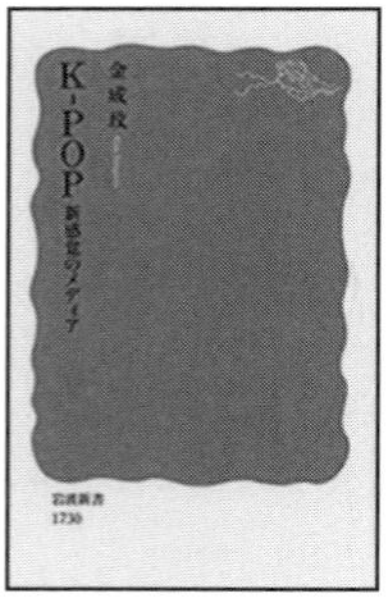

53

K-POP

新感覚のメディア

本書は世界中で関心があり日本でも根強い人気のある音楽ジャンルであるK-POPについての入門書・研究書である。なぜこの本を推薦するのかは本を読むこととかかわっている。たしかに本を読むことにより生き方や考え方が変わることはある。それだけではない。興味のあることが知りたくて、本を読むことがある。

学生の関心を様々な機会で聞くことがある。多分一番多い答えは音楽であろう。音楽を聴く、演奏する、見る、歌うことなどと答える。読書を趣味とする学生は少ない。本は読まなくても音楽は聴くのである。そこで、ここでは女子学生に人気のあるK-POPについての本を取り上げる。この本の著者の金成玟は韓国に生まれ、韓国と日本の大学で学んだ新進気鋭の社会学者である。

この本で何を知ることができるのだろうか。まずK-POPの現在に至る歴史を知ることができる。韓国歌謡の文脈の中で、日本とアメリカの影響下で、独自の音楽空間を展開してきた歴史であった。その意味で本場の音楽と韓国的感覚が融合したのがK-POPであった。八〇年代から現在に至るK-POPの流れをアーティストに即して知ることができる。K-POPがJ-POPの相対概念として生まれ、自己規定していくプロセスを興味深く描いている。

金成玟 著

岩波書店　2018年　xiv, 219頁　岩波新書

なぜＫ-ＰＯＰは日本でそして世界で成功したのかについて、その担い手——音楽の作り手、聞き手、つなぐ人に焦点を当てて論じている。アーティストが音楽をつくりファンが聴くという一方的関係にとどまらない、観る音楽、ダンス、ファッション、美容などの新しいスタイル・表現が形成され、新しいＰＯＰが創られ、世界で受け入れられた。組織された献身的なファンは極めて重要であり、より能動的存在として社会文化的に影響力を持った。「ＰＯＰがＫの感覚によって解釈され、変革され、再生産された」といえよう。アーティストとファンをつなぐ音楽事務所も重要な要因であり、彼らがアーティストをデザインしたのである。Ｋ-ＰＯＰはデジタル音楽時代に最も早く対応し、iTunesをつうじて世界デビューをはかり、YouTubeでも成功、スターを創りあげていった。少女時代、Wonder Girls, 2NE1, PSY, Twice, Red Velvet の活躍、そしてBTSのビルボード一位というグローバルな成功につながった。

普遍性と特殊性を兼ね備えた存在がＫ-ＰＯＰである。グローバル化できなかったＪ-ＰＯＰと対照的である。日本の電機産業の敗北ともつながる。本書を読むことによって経営学やビジネスを知る入口にもなる。

（社会情報学部社会生活情報学専攻／山倉健嗣）

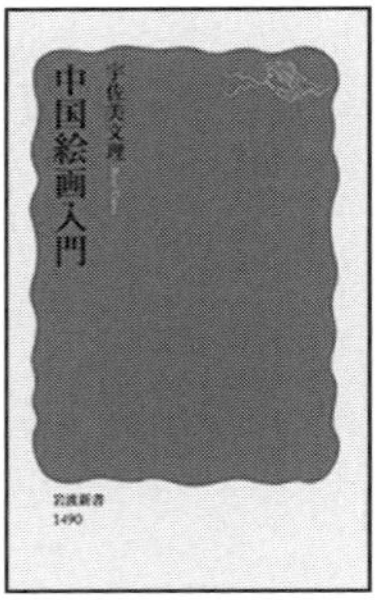

54

中国絵画入門

ボクは絵を描くのがとても苦手で、絵ごころ（どうして「こころ」なんでしょう。これって重要な問いかも）というものがまったくありません。で、なぜ絵を描くのが苦手なのかと理由をかんがえてみると、子供の頃にぶち当たった悩みが挙げられます。それは輪郭線の問題です。山の絵を描こうとするときに、凡庸なボクとしては、筆に黒色の絵の具で山の輪郭線をまず描いて、それからその輪郭線の内側あるいは外側を違う色の絵の具でベタベタ塗りたくっていくわけですが、このぶっとい輪郭線そのものはどうすればいいの？　と思うわけです。こんな線ないよねえ、ホントは。でもこの線がないと山の「形」は描けないし。いったいどうすればいいのか……。

さて、みなさんに紹介したいこの『中国絵画入門』は山水画をはじめとする中国の伝統的な絵画とその作者の紹介を目的とするものではありません（もちろんそれもあるはあるのですが）。では何を説明してくれるのかというと、中国では絵をどのようなものとして捉えてきたのか、より具体的には、中国の絵画で最も重視されてきた「気」と「形」という概念についてです。「気」は日本語でも使われる言葉です。「やる気」「雰囲気」「気分」など、いずれも目には見えないけれども、何らかのかたちで感じることはできるものが「気」の特徴です。中国の

宇佐美文理 著

岩波書店　2014年　xiii, 203, 13頁　岩波新書

絵画でもこの「気」をどのように表現するのかが重要とされました。「形」だけ似ていてもダメだという主張や、描いた人が持っている「気」が絵画に表出するという思想も生まれます。

一方、中国人は、世界のあらゆるモノは「気」でできていて、なおかつ絶えず変化する、たとえば山の「形」というのは固定的なものではなく、たえず流動しているとかんがえました。確かに遠くから見ると固定しているかにみえる山も、風が吹けば枝は曲がるし、あるいは折れるし、石の位置も変わるでしょう。輪郭線を使って山の「形」を描くというのは、こうした流動する世界観に反することだったのでした（だからボクの悩みもある意味正しかったんです）。たえず流動変化するのは「気」の性質でもあって（天気がそうですね）、「気」でできている固定的ではない「形」をどのようにして描いていくのか、という西洋の絵画とは違うものの見方を提示してくれる本です。

（比較文化学部比較文化学科／佐藤実）

VIII

日本と日本人を知る

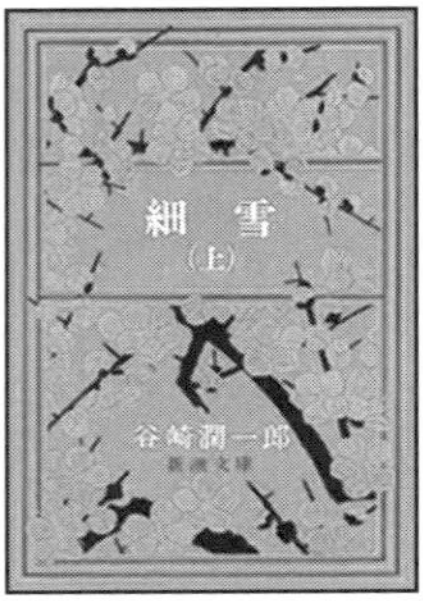

55

細雪《ささめゆき》

かの谷崎潤一郎の代表作で何回も映画化されている、戦前の大阪船場と芦屋を舞台とした、上流階級の美人四姉妹が織りなす絵巻物のような小説である。絢爛豪華な印象があるのは、四人の美人姉妹の日常に、花見や歌舞伎、螺鈿や着物、日舞やピアノの会、食事の会など華やかな場面が多いからである。

しかし、実際にはかつて全盛を誇った四姉妹の実家が少しずつ凋落し、どういうわけか決まらない三女の縁談の見合いの相手の格がだんだん下がっていくという現実を通して、切なさと哀しさを感じ取ることのできる小説だ。

三女が結婚歴のある金持ちと見合いした後で姉はその金持ちから断りの手紙をもらうのだが、それは万年筆で書かれており、毛筆でないことが「ずいぶんと見下されたものだ」と姉を悲しませる。現代なら手紙か電話で言うべきことをメールかLINEで伝える態度だろうか。こうしたところが現代とまったく違っていて面白い。

谷崎潤一郎といえば耽美派の作家で妖艶で幻想的な題材が多いが、『細雪』は三女の見合いを軸に四姉妹の心配事や楽しみを会話で展開する、一見上品で日常的な、穏やかな小説である。しかし、当時としては素行が悪い四女が、許嫁でもない男の部屋で赤痢を患い、病みついた妹を良家の妻の次女が見舞う場面がある。

谷崎潤一郎 著

新潮社　1955年　上・352頁＋中・416頁＋下・512頁　新潮文庫
（ほかに角川文庫版、中公文庫版などがある）

次女は四女の身体に爛れた花柳界の汚らしさを初めて認めるのだが、そこは谷崎ならではの凄みのある描写になっている。

小説の最後ではようやく三女の雪子の婚礼が決まり、東京に赴く夜行列車の中で「雪子の下痢は止まらなかった」と、およそ美人四姉妹を題材にした小説としては想像しがたい結末が余韻を残す。戦争の暗い足音が近づいてくるころである。このあと三女や四女はどのような運命をたどるのだろうかと思わせる有名なラストシーンである。

今では考えられないような旧弊なしきたり、とりわけ女性を縛る倫理観や道徳観をほんの何十年か前には当然のように日本中の人が持っていたことを、今の若い女性にはぜひ知ってほしい。長い小説で漢字や旧字が多く読みにくいと思うかもしれないが、本を手にとって数ページめくってみると、びっくりするほど読みやすく面白い。会話が多く、登場人物のキャラクターが際立っていて、日常なのにドラマがあり、豪華なのに物哀しい。熟達な筆運びとはこういう本をいうのだとぜひわかってほしい。

（短期大学部家政科生活総合ビジネス専攻／岡田小夜子）

56

果てしなく美しい日本

日本文明の中心にあるのは、日本一高い美しい富士山をはじめとした山々に対する崇敬と愛であり、日本は果てしなく美しいパノラマに恵まれた国で、豊かな水と緑に満ちている。一方で、残されたわずかな平地に人々は住み、農業を営み、土地の生産性を向上させ生活をしてきた。日本は世界でも最も人口過密な地域なのである。このような文明・自然をはじめ、日本とはどのような国なのか、高名な日本文学研究者であるドナルド・キーンが日本の印象を論じている。

著者は文学、教育、文芸、宗教、衣・食・住の生活や家族関係、日本人の世界観などについて紹介している。さらに、近代化により大きく社会が変化する情況にもかかわらず、依然として変わらない日本人の本質や美に対する豊かな感受性・多様性など、日本文化の特性も語っている。なかでも、第四章「日本人の一生」では幼年時代と青年時代にふれ、子どもの出生時の祝福に対して親・親族の精一杯のかかわり、とくに母親にとって子供は自分の一部として保護された状況にあり、さらに、子供の就職・結婚に対する親の感情、日常生活（ケ）と非日常の日々（ハレ）を分ける文化・習慣、そして老年・死についての考え方等、日本人特有のとらえ方、考え方が記されている。さらに、私的生活と公的生活における日本人の考え方、とくに人に対する態度については、公的と私的の相違は驚く

ドナルド・キーン 著　足立康 訳

講談社　2002年　326頁　講談社学術文庫

べきかたちをとることがある。階層的な日本社会では、「縦」の関係が念入りに作り上げられていて、社会活動の中での縦の人間関係の振る舞い方は、些細な点まで決め事がある。しかし、公的な場での見知らぬ他人への振る舞い方や、ましてや知らない人への尊敬の念が養われていない日本人の本質がみられることを指摘している。この、一章からもわかるように、普段の生活習慣に慣れきっている私たち日本人に、これほどまでに詳細な見方はできないのではないかと思う。この本は、一九七〇年代頃の日本が書かれており、訳者も、たえず変わりゆく日本の現状を正しく伝えることの苦慮を記している。しかし、外国人である著者は、日本人以上に日本に対する理解力と洞察力をもって我が国の半世紀を語っている。

今後、自主的な学びを進めていく大学生にとって、専門分野を学習する前に、改めて日本および日本人について再認識することは大切なことと感じている。ぜひ一読を勧めたい。

（家政学部食物学科管理栄養士専攻／彦坂令子）

57

風　土
人間学的考察

哲学者の和辻哲郎が海路ヨーロッパへ向かう途中で受けた印象をもとに、世界各地の人びとの生の営みを風土という観点から類型化した論考です。和辻は世界の風土を、①モンスーン（おおむねインドから東）、②砂漠（中東）、③牧場（ヨーロッパ）に大別し、芸術や宗教、要するに生活のあり方の違いをあざやかに説明します。

例えば、自然の恵みと猛威を併せもつモンスーン型風土の宗教は、忍従性・受容性を育み、インドのバラモン教やヒンドゥー教のような多神教を生みました（日本もこの類型）。一方でユダヤ教やイスラム教という峻厳な一神教の背景には、絶対的な乾燥と死を象徴する砂漠があるといいます。キリスト教はユダヤ教から派生した一神教ですが、ヨーロッパには砂漠にない潤いがあり、これが愛の宗教としてのキリスト教が広がる土壌になったと解釈しています。たしかに、一神教であるはずのキリスト教で聖母マリアやその他の聖人が信仰の対象になっているのを見ると、どこか多神教的香りがしないでもありません。

わたしは高校時代に世界史の先生からこの著作を紹介されました。それから十数年後、初めてヨーロッパで生活をして『風土』を思い出し、深い感慨をおぼえたものです。織田信長・豊臣秀吉の時代に日本で布教活動をしたルイス・フロイ

和辻哲郎 著

岩波書店　2010年　370頁　岩波文庫

スが、日本の神社仏閣とキリスト教会の建築の違いを発見し、手記に残していま す。神社やお寺は一般に横長構造で、正面だけでなく側面の（場合によっては背面も）戸を開放できる仕組みになっています。キリスト教会は縦長構造で、入口は正面の狭い扉（＝「狭き門」）だけです。これも風土から考えると、説明がつきそうです。モンスーン型の高温多湿な世界には密室型の建築は向かない。一神教の世界は基本的に乾燥が特徴なので、風通しは問題にならない。それに、人と唯一神が向き合うには密室化された空間の方が似合いそうでもあります。

世界にはさまざまな文化があります。世界は有史以来、着実にグローバル化が進んでいます。日本にいても他地域の文化と接触する機会はますます増えるでしょう。『風土』は一九三五年に刊行された日本文化論ですが、古典としていまも読み継がれています（ただし同書後半の、ことさら日本を特殊視する姿勢には時代の制約を感じます）。

（社会情報学部社会生活情報学専攻／三浦元博）

58

浮　雲

明治時代の近代文学草創期を代表する小説です。役所を解雇された主人公の内海文三が下宿先の従妹お勢に寄せる思いと失意が、近代人の心の葛藤として写実的に描かれています。二葉亭四迷（本名・長谷川辰之助）は多彩な経歴の持ち主で、ロシア文学研究から出発し、大学教員、官吏を経て最後は朝日新聞社の特派員として一九〇八年、帝政末期のロシア帝国の首都サンクトペテルブルクに赴きます。しかし同地で結核を患い、帰国途中の船上で亡くなります。

『浮雲』が興味深いのは、小説としてのプロットもさることながら、作品に使われている文体と表記法の急激な変化です。全体で三篇から成っていて、一八八七（明治二〇）年から八九（同二二）年にかけて順次発表されています。ちょうど明治期の真ん中です。一八七二年に学制が発布されて、身分に関係なくすべての国民が教育を受ける国民皆学が始まる。その明治初期生まれの子どもたちが成人するのが中期で、そのころには国民の識字率が急速に高まり、厚い読者層が形成されているわけです。

第一篇から第三篇までわずか三年のうちに、文章表現は別の作品かと思えるほど大きく変化します。第一篇はまだまだ江戸時代の戯作文学のように型にはまった講談調。文中には句点「。」がない。会話部分には開く引用符（「）はあっても、

二葉亭四迷 著

岩波書店　2004年　354頁　岩波文庫

閉じる引用符（」）がありません。現代人には少々読みづらい。ところが第三篇になると、現代文との違いがほぼなくなるのです。句点も受けの（」）もある。わたしたちが常用している疑問符「？」や感嘆符「！」まで使われています。約二〇年後の夏目漱石の文章とほとんど変わりません。

疑問符や感嘆符はいうまでもなく外来の記号で、日本語表記にはもともと存在しません。実は引用符を開いて閉じる表記（「……」）さえ、以前はなかったのです（歌の頭などに使われる庵点《いおりてん》という記号「〽」が開く引用符の原型になったともいわれています）。二葉亭はロシア文学を吸収する過程で、ヨーロッパ言語ではごく普通に使われていた「“…”、?、!」などの記号を日本語表記に取り込んでいったのでしょう。その意味で、この小説は近代の文章の変化を示すいわば「化石」のような作品なのです。

（社会情報学部社会生活情報学専攻／三浦元博）

59

若い読者のための短編小説案内

皆さんにお薦めしたいのは、当代有数の人気作家であり海外にも多くの愛読者を持つ村上春樹による、日本の戦後文学の短編小説の再評価の試みです。

現在は新作が発表されるごとに大きな話題となる村上の作品を、読んだことのある人は多いでしょう。でもまだ読んだことがない人もいると思います。そのどちらにも、私はこの本を読むことを推奨したいのです。その理由は、文庫に収録される際に書き加えられた序文「僕にとっての短編小説」があるからです。

まず村上作品の読者でなかった皆さんには、いきなり村上作品を読むことに抵抗があるもしれません。でも心配ありません。この序文で村上は、自分が創作を始めた時点から、作家として継続的に作品を発表するまでの過程を語ってくれます。作家以前の段階から、どのように小説を構想し、その構想をどのように実体化させていくのかを、わかりやすい言葉で伝えてくれているのです。本の題名にあるように、自分よりも年少の読者をはっきりと対象として書いている。それによって村上作品を読み慣れていない人にもよくわかるのです。でも決してやさし過ぎるわけではなく、小説というジャンルの奥深さを語る部分は一つの文学論としても読みごたえがあります。それは次の様な文章です。

村上春樹 著

文藝春秋　2004年　251頁　文春文庫

短編小説をいくつかまとめて書くと、僕の場合、必ずその次に長編小説が書きたくなる時期がやってきます。短編小説を書いているのは楽しいですが、だんだんそれだけでは足りなくなってくるのです。もっともっと大きな物語に取り組んでみたいという思いが高まってきます。そういうエネルギーが、雨水がちょっとずつ桶に溜まるみたいに、身体に次第に蓄積されてくるわけです。

既に村上作品をいくつか読んでいる皆さんには、本論の吉行淳之介、小島信夫、安岡章太郎といった、戦後文学作家の短編分析が興味深いことでしょう。なぜなら、村上春樹の登場はそれまでの日本文学の系列になかった「軽やかさ」から翻訳文学の延長線にあると評価されもしたからです。しかしこの短編分析を読むことで、村上の作品が確かに日本文学の流れを受け継いでいることが理解できます。戦後文学の短編のどこをどのように受けとめて、村上作品は書かれることになったのか。そうしたポイントをいくつも見つけることができるでしょう。そうした発見こそ、次に読む村上作品の読書体験をより深くさせてくれるはずです。どうですか、読んでみたくなりましたか？

（短期大学部国文科／松木博）

60

東京の都市計画

二〇二〇年の東京オリンピックの開催決定を機に、東京の景観は日々変化していますが、至るところに過去の都市計画の痕跡も見られます。本書は近代以降の東京の土地の歴史を紹介しています。著者の越沢氏は「満洲国」の首都や諸都市の都市計画をはじめ、日本が関わった海外の都市計画に精通し、多くの著作を残しています。第一章は、台湾、「満洲」の開発に関わり、東京市の市長でもあった後藤新平が、関東大震災後に内務大臣兼帝都復興院総裁として主導した震災復興計画から始まります。後藤の強力な指導力の下で最強の専門家チームが編成され、財政支出を渋る大蔵省や頑迷な政治家の反対、区画整理に抵抗する住民運動にぶつかり、縮小され挫折しそうになりながら東京の震災復興に尽力した人びとの熱い思いが伝わる章です。後藤市長時代の助役で次の市長となった永田秀次郎は、「区画整理について市民諸君に告ぐ」という告示で、次のように切々と訴えます。「我々の子孫をしていかにしても、我々と同じような苦しみを受けさせたくはない……街並や道路をこのままに打ち棄てて置くならば、我々十万の同胞はまったく犬死にしたことになります……再びこの災厄を受けない工夫をせなければならぬ、これが今回生き残った我々市民の当然の責任であります」。こうして、都心の幹線道路の原型が作られます。

越沢明 著

岩波書店　1991年　261頁　岩波新書

第二章では、市域が郊外に拡大し、世界第二の大都市となる東京の副都心整備を紹介しています。都心から郊外へ伸びる放射状道路と郊外をつなぐ環状道路が整備され、新宿、池袋、渋谷の駅前広場やターミナル施設が整備されます。第三章では郊外の住宅整備事業として、民間主導の田園調布や内務省主導の常盤台における宅地整備事業が取り上げられます。第四章では、神奈川、東京郊外、埼玉、千葉をつなぐ大緑地帯構想、第五章では太平洋戦争の激しい空襲の最中から始められた戦災復興計画が取り上げられます。理想的都市を目指して、消費感興地区、文教地区、医療地区などの空間設計、緑地帯を持つ一〇〇メートル道路などが設計されながら、今日まで実現せずにいる現状が語られています。本書には多くの設計図やその後の地図が掲載されていますので、都市計画に関わった人々の思いを想像しながら、本書とスマホ地図を手に、町歩きを楽しんでもらいたいと思います。

（社会情報学部社会生活情報学専攻／山崎志郎）

内藤千珠子	文学部日本文学科	16		
中野希大	社会情報学部情報デザイン専攻	47		
中村邦子	短期大学部家政科家政専攻	46		
貫井一美	比較文化学部比較文化学科	4		
波津博明	家政学部ライフデザイン学科	11		
彦坂令子	家政学部食物学科管理栄養士専攻	56		
廣瀬友久	短期大学部英文科	2		
福島哲夫	人間関係学部人間関係学科社会・臨床心理学専攻	12	21	39
本田周二	人間関係学部人間関係学科社会・臨床心理学専攻	28	34	
牧野智和	人間関係学部人間関係学科社会学専攻	19	44	
松木博	短期大学部国文科	59		
松田晃一	社会情報学部情報デザイン専攻	50		
松本暢子	社会情報学部環境情報学専攻	49		
三浦元博	社会情報学部社会生活情報学専攻	57	58	
宮﨑美智子	社会情報学部情報デザイン専攻	33	38	
宮田安彦	家政学部ライフデザイン学科	22		
山倉健嗣	社会情報学部社会生活情報学専攻	53		
山崎志郎	社会情報学部社会生活情報学専攻	60		
山本真知子	人間関係学部人間福祉学科	13	25	
米塚真治	比較文化学部比較文化学科	32		
若林佳史	社会情報学部社会生活情報学専攻	42		
渡邉顕彦	比較文化学部比較文化学科	7		

執筆者一覧（五十音順／氏名・大妻女子大学所属）

阿部栄子	家政学部被服学科	52
安藤聡	比較文化学部比較文化学科	14
伊藤正直	学長	48
井上淳	比較文化学部比較文化学科	8
牛山美穂	人間関係学部人間関係学科社会学専攻	35　40
江連和章	文学部英語英文学科	5
岡田小夜子	短期大学部家政科生活総合ビジネス専攻	55
小川浩	人間関係学部人間福祉学科	24　37
興津妙子	文学部コミュニケーション文化学科	41
香月菜々子	人間関係学部人間関係学科社会・臨床心理学専攻	31　36
樺山敏郎	家政学部児童学科児童教育専攻	17
城殿智行	比較文化学部比較文化学科	23
君嶋亜紀	文学部日本文学科	3
金美辰	人間関係学部人間福祉学科	29　30
木村ひとみ	社会情報学部環境情報学専攻	6
久保忠行	比較文化学部比較文化学科	9
小泉恭子	社会情報学部社会生活情報学専攻	10
佐藤富士子	人間関係学部人間福祉学科	20　26　27
佐藤実	比較文化学部比較文化学科	54
高田馨里	比較文化学部比較文化学科	15
竹内知子	短期大学部家政科食物栄養専攻	1
田中東子	文学部コミュニケーション文化学科	43　45
田丸直幸	社会情報学部情報デザイン専攻	51
千田誠二	文学部英語英文学科	18

〈大妻ブックレット 1〉

女子学生にすすめる60冊

2019年 8 月 1 日　　第 1 刷発行　　定価（本体1300円+税）

編　者　大妻ブックレット出版委員会

発行者　柿　崎　均

発行所　株式会社　日本経済評論社
〒101-0051　東京都千代田区神田駿河台1-7-7
電話　03-5577-7286　FAX　03-5577-2803
URL：http://www.nikkeihyo.co.jp
表紙デザイン＊中村文香　装幀＊徳宮峻　印刷＊文昇堂・製本＊根本製本

乱丁・落丁本はお取替えいたします。　Printed in Japan

ISBN978-4-8188-2539-0